GARTENGESTALTUNG
MIT NATURSTEIN

Callwey

DAVID REED

GARTENGESTALTUNG MIT NATURSTEIN

Mauern, Wasserläufe und Terrassen

Bauen ohne Mörtel

CALLWEY

Für Celia

Übersetzung aus dem Englischen von Martin Reck, Cölbe

Die Originalausgabe erschien 1998 unter dem Titel »Stonescaping – Setting and Stacking Stone« im Verlag Lark Books, 50 College Street, Asheville, NC 28801, USA

Alle Anleitungen für dieses Buch wurden sorgfältig zusammengestellt und geprüft; eine Haftung kann dennoch nicht übernommen werden.

Die Deutsche Bibliothek - CIP-Einheitsaufnahme
Gartengestaltung mit Naturstein : Mauern, Wasserläufe und Terrassen ; Bauen ohne Mörtel / David Reed. [Übers. aus dem Engl. von Martin Reck. Photogr.: Evan Bracken. Ill.: Scott Lowery]. - München : Callwey, 1999
Einheitssacht.: Stonescaping <dt.>
ISBN 3-7667-1342-6

Streitfeldstraße 35, D-81673 München
e-mail: buch@callwey.de
http://www.callwey.de

Künstlerische Leitung Celia Naranjo
Fotografien Evan Bracken (Light Reflections, Hendersonville, NC)
Illustrationen Scott Lowery

Umschlaggestaltung Kunst oder Reklame, Jonas Distel, München
unter Verwendung der Abbildung auf Seite 139
Satz Edith Mocker, Eichenau
Printed in Hongkong
ISBN 3-7667-1342-6

Inhalt

Einleitung

Sonnengewärmter Fels, dessen rauhe Oberfläche Ihre Hand erspürt, verschneites Geröll in den Bergen, grandiose Inkatempel, eine verlassene Feuerstelle mit ihrem Ring aus rußgeschwärzten Steinen, glitzernde Kiesel im Bachbett, Trockenmauern an Terrassen im italienischen Bergland, die Megalithe von Stonehenge, die Trittsteine durch Ihren Garten: Die Begeisterung, die wir für Stein empfinden – für seine Beständigkeit und Schlichtheit, seine Schönheit und geheimnisvolle Art –, ist so alt und dauerhaft wie Stein an sich.

Trocken (ohne Mörtel) gesetzte Steine werden immer beliebter. In unserer technisierten Welt stellt der Umgang mit Stein den selten gewordenen Kontakt zu unserer natürlichen Umwelt her. Die Arbeit mit Stein ist schöpferisch und sehr befriedigend, und die Ergebnisse sind von Dauer. Es ist ein schönes Gefühl, an einem selbstgeschaffenen Bauwerk aus Stein vorbeizugehen, sei es auch noch so klein. Setzen Sie drei Steine zu einer Gartenbank zusammen, oder schichten Sie eine kleine Stützmauer auf – wenige Meter lang und kaum einen Meter hoch – und Sie werden erfahren, was ich meine.

Das Setzen von Steinen ohne Mörtel ist erstaunlich einfach. Um anzufangen, brauchen Sie außer Steinen nur Kies, einfaches Werkzeug und dieses Buch. Sie müssen kein Kraftprotz sein, kein Großgrundbesitzer und kein Facharbeiter mit Spezialwerkzeugen. Wenn Sie mit der Schaufel umgehen, einen Hammer führen und kleine Steine heben können und wenn Sie ein paar Quadratmeter Grund Ihr Eigen nennen, wenn Sie zudem gerne draußen sind, dann steht Ihnen die Welt der Steine offen.

Die folgenden Kapitel führen Schritt für Schritt in die grundlegenden Techniken ein. Nachdem Sie diese Kapitel gelesen haben, suchen Sie sich ein Projekt aus, das Sie interessiert, lesen die Anleitung durch und fangen an. Es spielt keine Rolle, was Sie machen – einen beschaulichen Wasserfall, einen gepflasterten Fußweg, eine Treppe –, das Ergebnis wird noch viele Generationen erfreuen.

KAPITEL I

Werkzeuge und Ausrüstung

Die Werkzeuge für das Setzen von Steinen ohne Mörtel sind vergleichsweise einfach. Sie sind gewöhnlich recht billig und brauchen wenig Pflege. Gehen Sie durch dieses Kapitel und schauen Sie nach, was Sie bereits besitzen. Nehmen Sie sich dann etwas Zeit, um auf Flohmärkten und in Eisenwarengeschäften nach dem Fehlenden zu suchen.

Lassen Sie sich nicht von der Zahl der Werkzeuge abschrecken, die in diesem Kapitel beschrieben wird. Sie brauchen bestimmt nicht alle, um ein attraktives Projekt durchzuführen. Beginnen Sie mit dem Werkzeug, das unten aufgelistet ist, und besorgen Sie sich weiteres bei Gelegenheit.

Nach den meisten Werkzeugen suche ich zunächst auf Flohmärkten. Und tatsächlich ist wohl die Hälfte meines Werkzeugs gebraucht gekauft. Wenn ich das Gesuchte nicht finde, gehe ich in eine Eisenwarenhandlung oder in einen Baumarkt. Bei der Suche auf Flohmärkten sollten Sie mit mehreren Touren rechnen, denn man weiß nie, ob man an einem Tag das Benötigte findet. Ein gutes Fachgeschäft hingegen wird jedes Werkzeug, das nicht auf Lager ist, für Sie bestellen.

Grundausstattung

- Schubkarre
- Schaufel
- Breithacke
- Setzhammer
- Maurerhammer
- Armiereisen
- Schlageisen
- Wasserwaage (je länger, desto besser)
- mehrere 20-l-Baueimer
- robuste Lederhandschuhe
- Schutzbrille

Transportmittel

Um Steine zu transportieren, ist eine gute Schubkarre, egal ob aus Kunststoff oder Metall, ein Muß. Sie hat ein Fassungsvermögen von 100 l und mehr. Ich ziehe die größeren vor, da ich mit ihnen weniger Wege machen muß, bis alles herbeigeschafft ist. Selbst

Dieser Sackkarren gehört zu den größeren Modellen.

Stabile Handkarren sind gut für kleine Mengen von Steinen.

wenn sie leer sind, sind größere Modelle aber deutlich schwerer als kleine. Ebenso sind Schubkarren aus Metall schwerer als solche aus Kunststoff. Dafür sind sie deutlich robuster.

Zum Transport von großen Steinplatten für Wege oder von Decksteinen für Mauern lassen sich Schubkarren zwar verwenden, ein Sackkarren (siehe Bild gegenüber) macht die Arbeit aber einfacher. Auch ein robuster Handkarren ist gut geeignet. Meine Nachbarin Jackie Taylor bevorzugt zum Transport von Steinen Handkarren anstelle von Schubkarren, weil diese standfester sind.

Egal welchen Typ Sie auswählen, achten Sie auf breite Luftbereifung. Auf unebenem Boden laufen sie besser als schmale Vollgummireifen.

Schaufel mit rundem Blatt und Spaten

Schaufel mit rechteckigem Blatt

Werkzeug zum Graben

Zum Planieren und Schippen brauchen Sie eine Schaufel mit rundem und eine mit geradem Blatt sowie einen Spaten. Eine Schaufel mit geradem Blatt (Holsteiner Schaufel) ist optimal, um unebenes Gelände zu nivellieren und Kies zu schippen. Mit einer Schaufel mit rundem Blatt (Frankfurter Schaufel) läßt sich auch lockere Erde gut schippen. Ein Spaten, wie ihn Gärtner gerne verwenden, hat ein flaches, rechteckiges Blatt mit einer abgewinkelten Oberkante und einem kräftigen, geschmiedeten Schaft für den Holzstiel. Ich verwende ihn, um im Winkel oder an engen Stellen zu graben, Steine aus der Erde zu hebeln, Wurzeln zu durchtrennen und Pflastersteine zurechtzurücken.

Die Breithacke ist ähnlich einer Spitzhacke, hat aber anstelle der beiden gegenüberliegenden Spitzen auf der einen Seite ein leicht gebogenes Blatt zum Graben und auf der anderen Seite ein keilförmiges Blatt. Dieses Werkzeug eignet sich gut zum Lockern sehr fester Erde, zum Zurechtrücken von Pflastersteinen, zum Herauslösen festsitzender Steine und zum Durchhacken von Wurzeln. Ein weiteres wichtiges Werkzeug ist die Brech-

Breithacke

Brecheisen

stange, auch Brecheisen genannt. Sie ist ein massives Stück Stahl mit etwa 3 cm Durchmesser am zugespitzten Ende und verjüngt sich etwa auf 2 cm auf der anderen Seite. Sie ist sehr nützlich, um große Steine zurechtzurücken und Steine aus der Erde zu hebeln. Jede Brechstange, die sich nicht leicht verbiegt, ist geeignet. Meine habe ich vor zehn Jahren auf einem Flohmarkt erstanden. Sie ist 1,5 m lang, wiegt etwa 16 kg und ist noch immer so gerade wie am Anfang. Vergleichbare Modelle sind in vielen Werkzeuggeschäften erhältlich.

Ein Kuhfuß oder Nageleisen ist eine leichte und damit handlichere Form einer Brechstange. Er ist zwischen 60 und 90 cm lang. Das eine Ende ist abgeflacht und etwas aufgeweitet, das andere J-förmig gebogen.

Hämmer

Professionelle Steinmetze verwenden viele unterschiedliche Hämmer, um Steine zu brechen und zu teilen, darunter Vorschlaghämmer, Fäustel, Setzhämmer, Schlosserhämmer und Maurerhämmer. Unter den Dutzend Hämmern, die ich zur Zeit besitze, habe ich zwei Favoriten. Einer ist ein 1,1-kg-Schlos-

Vorschlaghammer

serhammer, der andere ist ein 1,4-kg-Vorschlaghammer.

Die leichteren Hämmer eignen sich gut, um kleinere Vorsprünge oder scharfe Kanten zu behauen. Wenn mit einem Meißel größere Stücke behauen oder gespalten werden sollen, verwendet man einen mittelschweren Hammer. Schwere Hämmer wie ein 2-kg-Schlägel dienen dazu, aus großen Steinen kleine zu machen. Schlägel mit ihren schweren quaderförmigen Köpfen gibt es in verschiedenen Gewichtsklassen. Für die meisten Steinarbeiten wird ein 4,5-kg-Hammer das Schwerste sein, was Sie brauchen werden. Zum Brechen von dicken Steinen oder Beton kann auch ein 7-kg-Hammer hilfreich sein. Meinen 2,3-kg-Hammer mit seinem 60 cm langen Hickorystiel nehme ich von den Vorschlaghämmern mit Abstand am häufigsten zur Hand.

4,5-kg- und 2,3-kg-Schlägel

Ein Fäustel, eine Art kurzstieliger Schlägel, ist 1 bis 2 kg schwer. Er hat zwei große, glatte Kopfflächen, so daß man gut mit dem Meißel arbeiten oder Steine brechen kann. Der kurze Stiel erlaubt gutgezielte Schläge. Die leichteren Varianten kann man häufiger gebrauchen.

Fäustel

Vorschlaghämmer sind etwas schwerer. Sie eignen sich gut, mit viel Kraft größere Stücke abzuschlagen oder große Steine zu teilen. Der Kopf ist schmal, auf der einen Seite flach und läuft auf der anderen Seite keilförmig zu. Ein 1,5-kg-Hammer ist eine gute Wahl, um Steine zu brechen und zurechtzuschlagen.

Auch Schlosserhämmer gibt es in unterschiedlichen Gewichten. Auf Flohmärkten habe ich meist 1 bis 1,5 kg schwere gesehen. Obwohl diese Hämmer gemacht wurden, um Metall zu schmieden, ist die keilförmige Seite ideal zum Behauen von Steinen, während die flache, quadratische Seite sich zum Schlagen von Meißeln eignet.

Maurerhämmer (links), Schlosserhammer (rechts)

Ein Maurerhammer ist besonders bei kleineren, dünneren Steinen praktisch. Sie wiegen 0,5 bis 0,75 kg. Die eine Seite des Kopfes ähnelt einem Schreinerhammer. Das andere Ende besteht aus einem sich verjüngenden Blatt, das auch als Meißel dienen kann, wenn man einen Stein spalten oder seine schmaleren Kanten behauen will.

Ein Gummihammer hilft beim Setzen von Steinplatten und anderem Pflastermaterial wie Betonplatten, Klinker oder Kunststeinen. Das Gummi kann die Oberfläche der Steine nicht beschädigen. Dieser Hammer kann auch dazu verwendet werden, um Steine in der Trockenmauer genau zurechtzurücken.

Gummihammer

Messwerkzeuge

Bei der Suche nach einem passenden Stein, bei der Festlegung der Höhe einer Steinbank oder Mauer und beim Ausmessen einer zu pflasternden Stelle ist ein Maßband praktisch. Steinmehl und Sand schaden diesem Werkzeug. Reinigen Sie es gelegentlich mit einem feuchten Tuch. Kräftige, ein Zoll breite Bänder sind langlebiger als die schmalen. Ein 7,5 m langes, selbstaufrollendes Metallmaßband wird in den meisten Fällen genügen.

Um einen Stein oder den Raum, der durch einen Stein ausgefüllt werden soll, abzumessen, eignet sich

Steinschlitten

Einmal hatte ich das Glück, beobachten zu können, wie Steine in früheren Tagen transportiert wurden. Ich fuhr auf einer malerischen Gebirgsstraße. Als ich um eine Ecke bog, mußte ich anhalten. Vor meinen Augen lag eine Szene, als sei ich in einem früheren Jahrhundert. Ein Bauer kreuzte mit seinem Gespann die Straße. Es war ein Steinschlitten, etwa 3 m und mit gut zwei Tonnen Feldsteinen beladen. Davor waren zwei kräftige Zugpferde gespannt.

Die robusten Kufen bestanden aus 15 mal 15 cm starken Kanthölzern, unterseits mit breiten Eisenbändern beschlagen. Die Ladefläche war nur 20 cm über dem Boden, so daß die Steine leicht hinauf und herunter gerollt werden konnten. Das ist einfacher, als sie auf eine Lastwagenpritsche heben zu müssen. Während ich zusah, wurde mir klar, was das Beschaffen von Steinen vor der Erfindung des Ottomotors bedeutete. Die Steine dieses 150 Jahre alten trocken gemauerten Schornsteins wurden vermutlich auf dieselbe Weise transportiert.

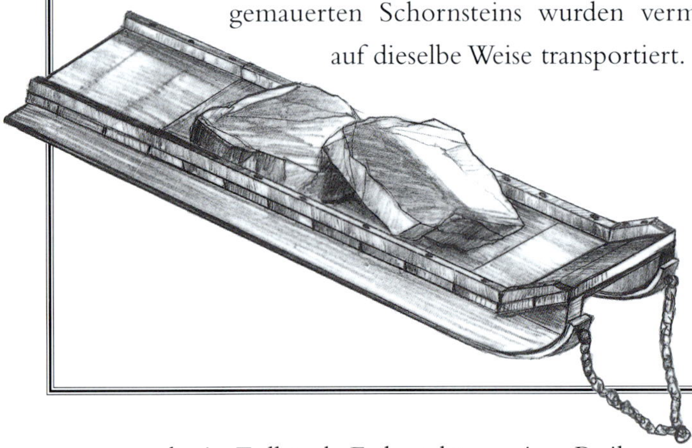

Dieser Schornstein wurde vor über 100 Jahren trocken gemauert und ist heute noch so solide wie damals.

auch ein Zollstock. Er besteht aus einer Reihe von Holzstreifen, die entfaltet 2 m lang sind. Dank seiner beweglichen Glieder kann er auch als variable Schablone dienen, wenn Sie einen Stein suchen, der exakt in eine Lücke passen soll.

Sie brauchen mindestens eine Wasserwaage. Bessere Qualitäten sind aus Holz oder Metall, die billigeren aus Plastik. Kleine Wasserwaagen sind handlicher, wenn nur einzelne Steine einer Pflasterung ausgerichtet werden sollen. Eine 60 cm lange Wasserwaage ist praktisch beim Setzen von Stufen. Um die Ebenheit abschätzen und über mehrere Steine einer Pflasterung peilen zu können, sind Längen von 1 bis 2 m ideal.

Ein gerades, nicht gewundenes oder verbogenes Stück Kantholz (etwa 300 x 10 x 5 cm) kann beim Pflastern hilfreich sein. Legen Sie das Holz mit der Schmalseite auf die Steine, um zu überprüfen, ob die Oberseiten der Steine alle auf einem Niveau liegen.

Wenn Sie Steine mit geraden Flächen und Ecken behauen möchten, brauchen Sie zum Anzeichnen der Linien einen Anschlagwinkel.

MEISSEL UND TRENNSCHLEIFER

Meißel werden verwendet, um Steine zu ritzen, zu spalten, zu behauen und zu zerkleinern. Man kann zwar auch nur mit einem Hammer einen Stein spalten oder brechen, mit einem passenden Meißel läßt sich aber präziser arbeiten. Zum Meißeln sind 1 bis 1,5 kg schwere Fäustel oder Schlosserhämmer am besten.

Die nützlichsten Meißel sind Schlageisen, 20 bis 25 cm lang, mit einem Schaft von etwa 2 cm Durchmesser und einer Schneide von 2,5 bis 7,5 cm. (Beachten Sie, daß die Schneide eines Schlageisens beidseitig angeschrägt ist.) Längere Schlageisen sind zwar erhältlich, aber schwer zu führen. Meißel mit Hartmetallschäften sind teurer. Für einen professionellen Steinmetz lohnt sich der hohe Preis, da die Hartmetallschäfte etwa 20mal länger als normale Schäfte halten.

Drei weitere Meißel sind praktisch: Scharriereisen, Spitzeisen und Prelleisen. Das Scharriereisen gibt es in Breiten von 6 bis 9 cm. Seine Schneide eignet sich gut, um eine Nut quer über den Stein zu ziehen und unerwünschte Teile abzuschlagen. Das Spitzeisen ist optimal, um kleine Überstände auf den Außenflächen wegzubrechen. Das Prelleisen ähnelt einem Beitel, seine Schneide ist nur von einer Seite angeschrägt. Es wird verwendet, um unerwünschte Stücke von der Oberfläche abzusprengen.

Steinplatten kann man vor dem Brechen mit einer Trennscheibe anschneiden. Dazu nimmt man einen Winkelschleifer mit einer 18 cm großen Trennscheibe. Universal-Trennscheiben bestehen aus einem Material, das gleichermaßen für Metall wie für Stein geeignet ist. Diamant-Trennscheiben erleichtern zwar die Arbeit, sind aber sehr teuer und nur für Stein geeignet.

Eine Motor-Trennschleifer mit einem 30 oder 36 cm großen Blatt schneidet Stein und Eisen-

Scharriereisen (links), drei Schlageisen (rechts)

Meißel mit Hartmetallschaft

röhren. Dieses Gerät ähnelt einer Motorsäge, hat aber anstelle der Kette eine große Trennscheibe. Es wiegt weit über 10 kg, daher ist es nicht einfach zu handhaben. Es gibt Geschäfte, wo es ausgeliehen werden kann, wenn Sie mal eines ausprobieren möchten.

Geräte zum Verteilen und Verdichten von Kies

Trockenmauern und viele Pflasterungen werden in Kies oder Splitt gesetzt. Ein kräftiger Rechen mit stabilen Stahlzinken hilft nicht nur, den Kies zu verteilen, sondern auch den Untergrund vorher einzuebnen (die Zinken entfernen kleinere Steine und Schutt von der Oberfläche). Außerdem kann man mit dem Rechen den Arbeitsbereich von Steinsplittern säubern, die beim Behauen entstanden sind.

20-l-Baueimer, erhältlich in jedem Baumarkt, sind unschätzbar beim Heranschleppen von Kies, beim Sammeln kleinerer Steine, zum Aufbewahren von Hämmern und kleinerem Werkzeug und – wenn sie umgedreht werden – als Sitzgelegenheit für eine kleine Pause.

Das Kiesbett für eine Pflasterung und die Hinterfüllung einer Trockenmauer müssen durch Stochern mit einer Eisenstange gut verdichtet werden. Es gibt eine Anzahl von Werkzeugen, die man dafür verwenden kann, wie etwa ein Brecheisen (ich nehme es gerne, denn er läßt sich wegen seines verdickten Endes leicht greifen). Es geht aber auch ein gut 50 cm langes Armiereisen, wie es im Baumarkt erhältlich ist, oder eine Eisenstange. Ein stumpfes unteres Ende erleichtert die Arbeit.

Um Steingrus oder Sand zu verteilen, kann man eine Maurer- oder Glättekelle verwenden. Ich finde

Von oben: zwei Brecheisen, Armiereisen, Eisenstange

die Glättekelle leichter zu handhaben. Ein Handfeger dient dazu, Steine und Platten von verstreutem Sand, Kies und Steinsplittern zu befreien.

Bei manchen Projekten wird eine gestampfte Schicht Steingrus über dem Kies benötigt. Ein 20 x 20 cm großer Handstampfer ist dann das Werkzeug der Wahl. Ein Stampfer läßt sich aber auch leicht selber herstellen. Dazu wird ein Holzklotz mit einer Grundfläche von 20 x 20 cm an ein 1,5 m langes Vierkantholz mit 10 x 10 cm Querschnitt genagelt. 5 x 5-cm-Hölzer werden im brauchbaren Winkel als Griffe montiert.

Glättekelle zum Verteilen von Steingrus bei Pflasterungen

SCHLEIFSTEIN

Die Ecken der Hämmer, die Schneiden der Meißel und die Blätter von Spaten und Hacke werden durch den Gebrauch rund und müssen regelmäßig nachgeschliffen werden. Ich verwende eine 250-W-Schleifmaschine mit einer Schleifscheibe von 15 cm Durchmesser und 2 cm Breite. Sie können Ihr Werkzeug zum Schleifen aber auch weggeben.

HANDWINDE

Mit einer kleinen, tragbaren Handwinde lassen sich auch sehr große Brocken bewegen. Das von mir verwendete Modell hat eine Seiltrommel und kann bis zu 1,5 t ziehen, was schon eine ganze Menge ist. Aber es gibt noch kräftigere Versionen, die 3 bis 5 t heben oder ziehen können. Diese Modelle funktionieren mit Kette oder mit einem sehr starken Seil.

Kräftige Handwinden, eine mit Kette, eine mit Seil

BOHLEN

Holzbohlen, 5 x 25 cm im Querschnitt und 1 bis 2,5 m lang, eignen sich gut als Rampe, wenn man größere Steine auf einen Lkw verladen oder Decksteine auf eine Mauer schaffen möchte.

Heben Sie auch ein paar Rundhölzer auf. Wie Sie im dritten Kapitel sehen werden, lassen sie sich als rollender Untersatz für große, flache Steine verwenden.

GEOVLIES

Dan Snow, ein Fachmann für Trockenmauern aus Vermont, wo es strenge Winter gibt, bedeckt grundsätzlich das Erdreich hinter einer Stützmauer mit einem Geovlies. Es verhindert, daß sich durch die Frostdehnung die Erde mit der Kiesfüllung mischt und schließlich an der Mauer zutage tritt. Man erhält es in Gartenfachgeschäften und Baumärkten.

ARBEITSSCHUTZ

Große Schutzbrillen, mit denen man aussieht wie ein Froschmann, finde ich lästig und unbequem. Ich habe mir eine leichte Schutzbrille ausgesucht, die die Augen rundherum schützt und trotzdem gut ventiliert. Bei der Arbeit trage ich sie an einer Schnur um den Hals, so daß ich sie jederzeit griffbereit habe.

Bei der Arbeit mit Steinen sollten Sie robuste Lederhandschuhe tragen, die gut sitzen, damit Sie Werkzeug und Steine sicher greifen können. Schützen Sie Ihre Füße durch Lederstiefel mit Stahlkappen. Bei Pflasterarbeiten empfehlen sich Knieschützer, die Hose wie Knie schonen.

KAPITEL II

Stein und Kies

Welche Gesteinsart Sie verwenden, hängt vom Projekt ab, von dem Gestein, das in der Umgebung ansteht und davon, ob Sie die Steine selber sammeln oder sie beim Natursteinhändler kaufen wollen. In diesem Kapitel lernen Sie ein bißchen darüber, welche Steine zum Pflastern für Trockenmauerwerk am besten geeignet sind, wie man den Bedarf an Steinen und Kies abschätzt, wo man diese Materialien findet und wie man sie auf die Baustelle schafft.

Bevor Sie Ihr erstes Projekt angehen und Steine kaufen oder sammeln, sollten Sie sich mit ein paar Begriffen aus dem Steinmetzhandwerk vertraut machen.

Die Sprache der Steinmetze

- Das *Lager* eines Steins bezeichnet die Richtung, entlang der sich der Stein besonders gut spalten läßt.
- Die nach außen sichtbare Seite eines Steins in einer Stützmauer oder Pflasterung heißt *Haupt* oder *Sichtfläche*. Manche Steine bieten bereits eine oder mehrere geeignete Seiten, andere müssen durch Brechen und Behauen eine erhalten.

Die Hinterfüllung dieser Trockenmauer besteht aus Bruchsteinen und Kies.

- *Steinschutt* sind faust- bis milchkannengroße Steine mit unregelmäßiger, unbrauchbarer Form. Sie sind aber eine nützliche Beigabe zur Kieshinterfüllung einer Stützmauer. Heben Sie also die Steine auf, die bei Gartenarbeiten zutage treten.
- *Bruchsteine* entstehen beim Abbau von Gesteinsadern durch Bohren und Sprengen. Häufige Sorten sind zum Beispiel Sandstein, Granit und Kalkstein. Sie variieren stark in Form und Größen. Wenn Sie sie aber selbst auslesen, werden Sie für Trockenmauerwerk und Pflasterung geeignete Steine finden.
- *Feldsteine* sind Steine, die auf oder in der Erde gefunden wurden. Ihr verwittertes Aussehen gibt den Bauwerken ein rustikales Aussehen. Sorgfältig ausgesucht, sind diese Steine ebenfalls gut für die Projekte aus diesem Buch verwendbar.
- *Splitt* ist gebrochenes Gestein und in verschiedenen Größenklassen erhältlich. Die Körnung liegt zwischen Sand und Schotter. Er wird für Pflasterungen und Trockenmauerwerk gebraucht. Ich verwende meist eine Größe um 10 mm. Splitt hilft nicht nur, die Steine in der Mauer besser zu positionieren, er ist auch eine gute Dränage, so daß das Wasser hinter der Mauer schnell abfließen kann.
- *Kies* ist von der Körnung her ähnlich dem Splitt, ist aber ein gerundetes Material, das in Flußtälern abgebaut wird. Er läßt sich bei unseren Projekten anstelle von Splitt verwenden.
- *Brechsand* oder *Steingrus* ist gestoßenes Gestein mit feinen und gröberen Korngrößen.
- Wenn Sie Steinplatten verlegen, sollten Sie auf das Kiesbett eine Schicht groben Sand, Splitt oder Steingrus aufbringen. In dem feineren Material lassen sich die Platten leichter justieren. Für die Fugen kann man eine Mischung aus Splitt und Sand nehmen.
- *Hinterfüllung* nennt man das Gemenge aus Steinen und Splitt (oder Kies), mit der der Raum

zwischen Stützmauer und Erdreich aufgefüllt wird.

- Die horizontalen Steinlagen in einer Mauer werden als *Reihen* bezeichnet.
- *Fugen* sind die Zwischenräume zwischen den Reihen und innerhalb einer Reihe zwischen den Steinen. Vertikal fortlaufende Fugen (Stoßfugen) sind zu vermeiden, sie sehen unschön aus und schwächen die Mauer.
- Als *Läufer* bezeichnet man längsgelegte Steine, die der Mauer in Längsrichtung Festigkeit geben. Bei Trockenmauern nimmt man dafür besonders gerade, lange Steine, mit denen die darunterliegenden Fugen abgedeckt werden können.

Vertikal fortlaufende Fugen sehen unschön aus und schwächen die Mauer.

- *Decksteine* sind die obersten Steine einer Mauer. Nehmen Sie dafür große plattenförmige Steine. Handhabbar sind noch 60 x 60 cm große und 5 bis 10 cm dicke Steine. Der größte Deckstein, den ich jemals setzte, war ein 2,4 m langer, 46 cm breiter und 10 cm dicker ehemaliger Bordstein aus Granit. Ich brauchte die Hilfe von drei Freunden dazu.
- Stützmauern haben einen sogenannten *Anlauf.* Damit ist der Winkel gemeint, in dem sich die Mauer gegen die zu stützende Erde lehnt. Bei einer Mauerhöhe von 50 bis 150 cm nimmt man normalerweise einen Anlauf von 5° bis 10°.
- In unseren Breiten friert der Boden im Winter 60 bis 90 cm tief. Darin enthaltenes Wasser dehnt sich aus, und es kann zur *Frostsprengung* oder *-hebung* kommen. Als Schutz dient eine Kiesschicht unter und hinter der Stützmauer, die das Wasser schnell abführt. Ein Geovlies zwischen Erde und Kies verhindert, daß sich Erde und Kies vermischen.
- Kleine Steine können je nach Form nützliche Funktionen erfüllen. Wenn sie flach sind und eine hübsche Sichtfläche haben, lassen sie sich als Zwischenlage verwenden, um die Höhe der Mauersteine in einer Reihe anzupassen. Keilförmige Steine eignen sich gut, einen Mauerstein an einer Stelle zu unterfüttern, damit er gerade sitzt. Beim Behauen von Steinen entstehen oft gute Keile. Heben Sie sie auf. Eine größere Fuge zwischen zwei Steinen kann man mit einem passenden kleinen Stein ausfüllen. Ihn bezeichnet man auch als *Zwickel.*
- *Binder* nennt man große, lange Steine, die verteilt über die Mauer eingesetzt werden. Sie reichen mit ihrer Rückseite bis in die Erde, so daß sie die Mauer mit dem Erdreich verbinden.

Geschickt gesetzte kleine Steine hindern den Kies daran, aus größeren Fugen auszutreten.

Geeignete Gesteinsarten

Die drei Hauptgruppen von Gestein sind Magmatite, Sedimente und Metamorphite. Magmatite (z.B. Basalt oder Granit) sind sehr dicht und hart. Sedimente sind oft durch Eisenoxide gefärbt und manche lassen sich gut spalten wie etwa mittelharter Sandstein. Metamorphite umfassen alle Gesteine, die durch Hitze, Druck oder chemische Reaktion in eine andere Gesteinsart umgewandelt wurde. Aus Kalkstein kann beispielsweise Marmor entstehen.

Innerhalb dieser drei Hauptgruppen finden sich viele verschiedene Gesteinsarten, die sich besser oder schlechter für Mauern oder Wege eignen.

Weiche, poröse Steine wie weicher Sandstein und Schiefer gehören nicht zu den besten. Konstruktionen aus diesen Steinen sind in heißen, trockenen Klimaten einigermaßen haltbar, die Kombination aus Nässe und Frost läßt sie bei uns aber schnell verwittern.

Schiefer ist ein gebändertes, geschichtetes und manchmal sehr poröses Gestein. Viele Sorten halten weder lange als Pflasterung, noch können sie das Gewicht einer Wand tragen. Einzelne Schiefersteine können ein Blickfang sein, wählen Sie aber einen möglichst großen Stein aus: Er verwittert nicht so schnell wie ein kleiner. Vermeiden Sie auch Steine mit sehr hohem Eisengehalt. Eisenoxide werden vom Regen gelöst und hinterlassen unansehnliche Streifen.

Die Tabelle auf der nächsten Seite listet einige geeignete Gesteine auf.

Bezugsquellen

Um herauszufinden, welche Steinsorten in Ihrer Gegend erhältlich sind, sollten Sie einfach einen Natursteinhandel besuchen. Die Mitarbeiter sind dort in der Regel sehr freundlich und hilfsbereit. Allerdings können sie etwas knapp mit der Zeit sein, wenn sie beim Laden von Bestellungen oder

STEINE	DICHTE	FARBE	KÖRNUNG	BEARBEITBARKEIT	FESTIGKEIT
Basalt	hoch	Grau bis Schwarz, und Braun	fein	mittel	sehr hoch
Gneis	mittel	Grau bis Schwarz, mit weißen Quarzbändern	mittel	gut	hoch
Granit	hoch	blasses Grau bis Rot	mittel bis grob	schwer	sehr hoch
Kalkstein	schwer	blasses Grün, Grau, Beige, Weiß, Schwarz	homogen	mittel	hoch bis sehr hoch
Sandstein (dicht)	mittel	Grau bis Braun	homogenes Korn	gut	hoch bis sehr hoch
Schiefer	mittel	Schwarz, Blau, Dunkelgrau	fein	gut	gut für Pflasterungen

die hauseigenen Steinmetze gerade im Aufbruch begriffen sind. Die ruhigste Zeit ist gewöhnlich der späte Morgen und der frühe Nachmittag.

Die Fachleute aus einer Natursteinhandlung oder einem Steinbruch können Ihnen natürlich sagen, welche Steine sie Ihnen verkaufen. Wenn Sie Steine auf dem Feld sammeln, die unterschiedlichen Gesteinsarten aber nicht auseinanderhalten können, prüfen Sie den Stein mit dem Hammer. Wenden Sie soviel Kraft auf, als wollten Sie ihn zerschlagen. Wenn er leicht splittert oder bröckelt, suchen Sie weiter. Sie können auch einige Exemplare sammeln und bei der Identifizierung einen Steinmetz oder einen Geologen um Hilfe bitten.

Wenn Sie nicht Zeit und Energie aufbringen wollen, die Steine auf dem Feld zu sammeln, werden Sie sie vermutlich in einem Natursteinhandel oder Steinbruch kaufen. Ist ein Steinbruch in Ihrer Nähe und können Sie die Ladung selbst herbeischaffen, mag das eine gute

Eine gute Natursteinhandlung bietet eine Vielzahl an Gesteinsarten an.

Quelle sein. Meist sind Baustoff- oder Natursteinhandlungen jedoch leichter zu erreichen. Sie übernehmen auch kleinere Lieferungen. Steinbrüche, die Naturstein- und Baustoffhandlungen beliefern, verkaufen meist in sehr großen Mengen. Ihre Geräte sind riesig und die gigantischen Muldenkipper, die auf dem Gelände herumfahren, sind furchteinflößend. Ich hatte meinen Pick-up neben einem kleinen Kiesberg geparkt und sah zu, wie der Kies geladen wurde. Das besorgte ein Bagger mit einer Schaufel, in die mein Pick-up komplett hineingepaßt hätte.

Lose Steinhaufen in einer Natursteinhandlung

Vorsortierte gebrochene Steine auf Palette

Wie Stein verkauft wird

In einer typischen Natursteinhandlung gibt es riesige Haufen Bruch- und Feldsteine, große Flußsteine und auf Paletten vorsortierte Steine, die mit Maschendraht oder Plastikfolie zusammengehalten werden.

Steine werden meist in Tonnen oder Bruchteilen davon verkauft. Die Preise sind je nach Steinart verschieden. Feldsteine sind zum Beispiel teurer als Bruchsteine, da das Sammeln sehr arbeitsintensiv ist. Der Preis pro Tonne erhöht sich auch, wenn man auf Paletten gestapelte, vorsortierte Steine haben möchte. Wenn Sie sich die gewünschten Steine aus einem losen Haufen heraussuchen, zahlen Sie ebenfalls mehr. Ich meine aber, daß die Mehrkosten und der größere Zeitaufwand handverlesener Steine sich lohnen.

STEINE FÜR TROCKENMAUERN

Egal, ob Sie die Steine kaufen oder auf dem Land zusammensuchen, denken Sie daran, daß die Form der einzelnen Steine bestimmt, wie gut sie sich später vermauern lassen. Sie sollten wenigstens zwei flache, parallele Flächen habe und möglichst quaderförmig sein, damit sie kompakt gesetzt werden können. Vorsprünge oder unregelmäßige Kanten sind nicht schlimm, wenn durch Abschlagen der Überstände eine gleichmäßigere Form erzeugt werden kann.

Eine gut gearbeitete Mauer aus blockförmigen Steinen unterschiedlicher Formate ist optisch sehr ansprechend, das Einpassen der Steine jedoch nicht ganz einfach. Lage für Lage mit flachen Steinen aufzubauen ist einfacher.

Die Feldsteine geben der Stützmauer ein rustikales Aussehen.

Vergessen Sie nicht, auch einige kleine, flache Steine zu sammeln, die in der Größe etwa von einer Musikkassettenhülle bis zu einem Taschenbuch reichen. Mit ihnen lassen sich Höhendifferenzen ausgleichen, die entstehen, wenn unterschiedlich große Stein nebeneinander gesetzt werden. In 20-l-Eimern aufbewahrt, lassen sie sich leicht transportieren.

DECKSTEINE

Einfach und dauerhaft abgedeckt wird eine Stützmauer durch Steine mit großen, glatten Flächen und gleichmäßiger Dicke von etwa 5 bis 13 cm. Steine dieses Formats eignen sich ebenso als Wegeplatten oder Stufen und für Bänke.

Man wird zwar in einer Natursteinhandlung wohl keinen Bereich »Decksteine« finden, manche bieten aber zu stattlichen Preisen vorsortierte Steinplatten an, die sich als Decksteine oder zum Pflastern und für Steinbänke eignen. Mit etwas Mühe habe ich bisher immer vergleichbare Steine auch auf den losen Haufen gefunden.

Warten Sie mit dem Beginn der Mauer nicht, bis Sie genügend Decksteine zusammenhaben. Fangen Sie mit dem Bau an, und halten Sie Ihre Augen offen, wann immer Sie eine Natursteinhandlung aufsuchen. Wenn Sie 20 cm unter der endgültigen Höhe der Mauer angelangt sind hören Sie auf. So bleibt genug Raum, die Decksteine zu setzen, wenn Sie sie finden. Sollten sie in der Dicke variieren, müssen sie unterfüttert werden.

Eine elegante Stützmauer aus blockförmigen Steinen

Feldsteinpflasterung

Im Gegensatz zum Mauerstein braucht ein Pflasterstein nur eine gute Fläche zu haben. Beim Heraussuchen von Pflastersteinen müssen Sie außer auf Dicke und Gewicht nur auf eine gute Kopfseite achten.

Dicke, schwere Platten, die mehr als einen viertel Quadratmeter abdecken, sind schwer zu bewegen, aber ihr Gewicht gibt ihnen einen guten Halt. Großflächige Pflastersteine sollten zwischen 5 und 15 cm dick sein.

Kleinere Steine sind leichter zu bewegen, wenn sie aber zu dünn sind, werden sie mit der Zeit verrutschen. Deswegen sollten kleine Pflastersteine sehr dick sein, so daß sie tief im Kiesbett sitzen. Ein 20 x 20 cm großer Stein sollte zum Beispiel wenigstens 15 cm dick sein. Kleine Steine bieten oft die Möglichkeit, Lücken zwischen größeren optisch ansprechend zu füllen.

Achten Sie bei großen wie kleinen Steinen darauf, daß die Oberseite flach ist und keine schrägen Kanten aufweist. Wird ein Stein mit schrägen Kanten verbaut, entsteht zum nächsten Stein hin ein kleines Loch, über das schnell jemand stolpert. Behauen Sie jeden schiefen Stein so, daß die gepflasterte Fläche so wenig wie möglich Löcher bekommt. Unbehauene, schiefe Steine können auch für den Rand oder für Stufen genommen werden.

Kleine Steine zum Auffüllen von Lücken zwischen großen Platten müssen sehr dick sein, damit sie sich nicht bewegen. Die auf dem Foto reichen 15 cm tief in das Kiesbett.

Noch drei Tips, wenn Sie Pflastersteine aussuchen: vermeiden Sie glatte Steine, die bei Nässe rutschig werden (wie geschliffenen Marmor), Steine mit offensichtlichen Sprüngen und schiefrige Steine, die den Belastungen nicht standhalten.

Steinplatten zum Pflastern

Steinplatten eignen sich gut als Pflasterung, wenn sie wenigsten einen viertel Quadratmeter groß und 4 bis 8 cm dick sind. Dünnere Platten würden nur auf einem Mörtelbett halten. Und denken Sie daran: Je kleiner die Steine, desto dicker müssen sie sein. Große Platten sollten zwischen 4 und 5 cm, kleinere gut 7 cm dick sein.

Bedarfsabschätzung

Wie viele Tonnen Stein Sie für ein Projekt brauchen, hängt selbstverständlich davon ab, was Sie vorhaben, aber auch davon, wie dicht Sie die Steine aneinandersetzen und welche Dichte die gewünschte Gesteinsart hat. Wenn Sie ein Anfänger sind, sollten Sie, bevor Sie Steine kaufen, diesen Abschnitt besonders sorgfältig durchlesen und die Maße Ihres Vorhabens genau bestimmen.

Für ein Trockenmauerwerk wie zum Beispiel eine Stützmauer gilt die Faustregel, daß man für 2,8 bis 3,3 m^2 etwa eine Tonne Stein braucht. Bei der Ermittlung der Fläche zählt man sowohl die Vorder- als auch die Oberseite mit. So ergibt sich beispielsweise für eine 4,5 m lange, 60 cm hohe und 30 cm dicke Mauer:

$(4{,}5 \times 0{,}6)\ m^2 + (4{,}5 \times 0{,}3)\ m^2 = 4{,}05\ m^2$ und damit knapp 1,5 Tonnen Stein.

Bevor Sie Pflastersteine einkaufen, sollten Sie die Quadratmeterzahl Ihrer Pflasterung bestimmen. Die benötigte Menge hängt dann noch von Art und Dicke der Steine ab. Für eine mittlere Dicke von 10 bis 15 cm gilt, daß eine Tonne etwa 3,7 bis 4,6 m^2 Fläche ergeben. Bei den flacheren Steinplatten reicht eine Tonne für etwa 7 m^2 aus.

Nehmen Sie auf zwei Tonnen eine viertel Tonne extra. So sparen Sie sich nicht nur Extrabesuche beim Natursteinhandel, sondern haben die Möglichkeit, während der Arbeit die besten Steine herauszusuchen. Übrige und ausgesonderte Steine sollten Sie in einer Ecke Ihres Gartens aufbewahren, bis Sie Ihr nächstes Projekt angehen oder ein Freund oder Nachbar durch Ihre Arbeit angeregt wurde, selber mit Steinen zu gestalten.

Kies wird anders als Stein in Kubikmetern (m^3) gekauft. Die für die Hinterfüllung einer Stützmauer benötigte Menge kann sehr verschieden sein, je nachdem, wieviel Bruchstein Sie mit in die Hinterfüllung geben und wie breit die Lücke zwischen Mauer und Erdreich ist. Unter der Voraussetzung,

Auf diesem Fahrweg wurde bunter Kies auf Asphalt gerollt und mit Bändern aus farbigen Steinen ergänzt.

daß die zu füllende Lücke etwa 30 cm breit ist und Sie kaum Bruchsteine mitverwenden (wenn Sie Bruchsteine zur Hand haben, sollten Sie sie auch benutzen, so sparen Sie Kies), ermöglicht folgende Formel eine grobe Abschätzung:

Mauerhöhe (m) x Mauerlänge (m) x 0,3 m
= Hinterfüllung in m^3.

Ist Ihre Mauer zum Beispiel 6 m lang und 0,6 m hoch, so brauchen Sie etwa 6 m x 0,6 m x 0,3 m = 1,08 m^3, also gut einen Kubikmeter Kies.

Für Pflasterungen benötigt man meist ein Kiesbett von ungefähr 10 cm Dicke. Um die dafür erforderliche Menge Kies abzuschätzen, wenden Sie folgende Formel an:

Areallänge (m) x Arealbreite (m) x 0,1 m
= Kiesbedarf in m^3.

Nehmen wir zum Beispiel an, Sie haben einen 8 m langen und 1,2 m breiten Weg. Sie brauchen 8 m x 1,2 m x 0,1 m = 0,96 m^3, also grob einen Kubikmeter Kies. Wenn Ihr Projekt nicht rechteckig ist, nehmen Sie für Länge und Breite geschätzte Mittelwerte.

Transport von Stein und Kies

Man kann sich das Material anliefern lassen. Wenn Sie mehr als eine Tonne Stein benötigen, ist es die Mehrkosten allemal wert. Ist Ihr Projekt dagegen klein oder brauchen Sie nur ein paar Steine, um ein Areal etwas naturnäher zu gestalten, lohnt es sich, die Steine selber zu holen.

Zwei Warnhinweise: Wenn es geregnet hat, ist der Boden aufgeweicht und das schwere Lieferfahrzeug wird tiefe Reifenspuren in Ihrem Rasen hinterlassen. Warten Sie mit der Anlieferung, bis die Erde wieder trocken und fest geworden ist. Achten Sie auch darauf, daß das Fahrzeug nicht über einen unterirdischen Öl- oder Regenwassertank fährt.

Wenn der Natursteinhandel Paletten und einen Gabelstapler hat (viele haben das), stellen Sie sich am besten eine Palette dorthin, wo Sie die Steine aussuchen, und stapeln die Steine auf die Palette. Um die Menge zu bestimmen, wird der Staplerfahrer Ihre Palette zuerst zu einer großen Waage fahren. Dann hebt er sie auf die Pritsche Ihres Transporters. Achten Sie auf die zulässige Achslast Ihres Fahrzeugs. Bereits eine halbe Tonne Stein reicht gut für einen Tag Arbeit.

Wenn Sie vorhaben, Steine selbst herauszusuchen und zu transportieren, beachten Sie bitte:

- Bevor Sie mit Ihrem Fahrzeug schwere Lasten holen, sollten Sie den Reifendruck nach Angaben des Fahrzeugherstellers erhöhen.
- Natursteinhandlungen haben meist viele Paletten, fragen Sie jedoch vorher, ob Sie sich eine nehmen dürfen. Überprüfen Sie auch, ob die Palette auf die Pritsche paßt.
- Stapeln Sie die Steine sorgfältig auf die Palette. Die größeren sollten außen liegen, während die Mitte mit kleineren gefüllt wird. Dadurch wird die Beladung stabiler, was die Arbeit des Staplerfahrers – und Ihre eigene Fahrt – sicherer macht.

Nachdem Sie Steine ausgewählt und auf Palette geschichtet haben, hebt ein Gabelstapler die Palette auf Ihren Laster.

Kies läßt sich fast mit jedem Fahrzeug transportieren. Ein halbes Dutzend 20-l-Eimer kann man auch mit dem Pkw befördern. Wenn ich auf einem Gelände zu arbeiten habe, das nicht mit Kraftfahrzeugen befahren werden darf, packe ich 20 dieser Eimer auf die Pritsche meines Pick-ups. Vier der Eimer passen in eine große Schubkarre, mit der man praktisch überall hinkommt.

Die Suche nach Steinen

Steine in der Natur zu sammeln hat einen ganz besonderen Reiz. Die Suche nach geeigneten Stellen erfordert jedoch viel Zeit, und der Transport kann sehr anstrengend sein.

In den Workshops, die ich über das Setzen von Steinen gebe, gibt es immer ein oder zwei, die meinen, ihr ganzes Grundstück bestünde nur aus Stein. Sie halten es meist für Unsinn, für Steine Geld auszugeben. Doch selbst wenn Sie ein Gelände kennen, das eine einzige Geröllhalde zu sein scheint, sollten Sie sorgfältig überdenken, ob Sie wirklich von dort die Steine holen wollen. Legen Sie los, wenn die Steine gut zugänglich sind. Wenn aber das Gelände sehr steil ist oder die Steine tief in der Erde stecken, sollten Sie es sich noch mal überlegen.

Es ist eine Tatsache, daß das Tragen von Steinen über rauhes Gelände und das Fahren mit der Schubkarre eine harte Arbeit ist. Anfänger vergessen leicht, daß schon eine halb gefüllte Schubkarre sehr schwer ist. Der Versuch, einen steilen Berghang mit einem mit Steinen voll beladenen Karren oder einer Schubkarre zu überwinden, kann sogar gefährlich

Alte Gemäuerreste sind ein gute Quelle für Steine. Viele sind aber von historischem Wert. Bedienen Sie sich nie ohne Erlaubnis.

sein. Wenn Sie sich trotzdem auf den Weg machen wollen, hier noch einige hilfreiche Hinweise:

- Finden Sie heraus, wem das Land gehört. Auch wenn ein Steinhaufen nicht danach aussieht, vielleicht hat jemand noch was damit vor.
- Machen Sie sich am besten in der kalten Jahreszeit auf Steinsuche. Dann verstellt keine Vegetation den Blick auf den Boden. Achten Sie jedoch auf überwinternde Tiere. Wenn Sie eines aufgedeckt haben, decken Sie es wieder zu und setzen Sie die Suche ein, zwei Meter weiter fort. Wildlebende Tiere haben schon genug durch Landverbrauch und andere Störungen unter uns Menschen zu leiden.
- Manchmal findet man an der Grenze zwischen Wald und freiem Land Haufen von Feldsteinen. Diese entstanden beim Säubern der Felder. In manchen Teilen der Welt – besonders auf den Britischen Inseln und in Neuengland – werden diese Steine gewöhnlich für Einfriedungen verwendet. In den südlichen Appalachen, wo ich lebe, findet man oft alte Steinhaufen, die aus der Zeit stammen, als das Land urbar gemacht wurde.
- Die Grundmauern und Schornsteine alter Häuser wurden oft aus einer Kombination aus Steinen, Lehm und Steinzwickeln hergestellt. Wenn Sie auf eine solche Ruine stoßen, überlegen Sie sich, sie abzutragen. Sie kann eine Fundgrube für gute Steine sein. Aber vergessen Sie nicht, vom Besitzer die Erlaubnis zu holen.

Recycling guter Steine

Vor einigen Jahren trug ich jenseits der Straße, in der ich lebe, die Reste einer Treppe und die Grundmauern eines Gebäudes ab. Das Haus war seit langer Zeit verlassen. Nichts war von der Holzkonstruktion übriggeblieben. Manche Steine konnte ich mit der Hand entfernen, andere mußten erst von einer Brechstange überzeugt werden. Ich benutzte auch einen kleinen Kuhfuß und einen 1,4-kg-Setzhammer, um Mörtelreste abzuschlagen.

Nachdem ich genug Steine für die erste Lage zusammen hatte, fing ich mit einer Trockenmauer an, die einen Anschnitt eines Hangs abstützt. Als ich neue Steine brauchte, kehrte ich auf das Grundstück zurück und besorgte mir eine weitere Ladung. Nun steht kaum 100 Meter entfernt von der Ruine eine fertige Mauer aus »recycelten« Steinen.

Eine Stützmauer aus »recycelten« Steinen

KAPITEL III

Bearbeitung einzelner Steine

Beim Vermauern und Verlegen von Steinen ohne Mörtel werden Sie immer wieder in die Lage kommen, partout keinen passenden Stein zu finden. Wenn Sie gelernt haben, Steine mit dem Lager und senkrecht dazu zu teilen und zu behauen, werden Sie Geld und Zeit sparen: Zeit, weil Sie den perfekten Stein statt zu suchen einfach herstellen, und Geld, weil Sie nicht riesige Mengen Steine kaufen müssen, in der Hoffnung, daß die passenden schon darunter sind.

Der folgende Abschnitt wurde von einem mir befreundeten professionellen Steinmetz geschrieben. Er soll Ihnen helfen, zu lernen, wie man Stein so behaut, daß eine plane Fläche entsteht.

BEHAUEN VON NATURSTEINEN

von Robbie Oates

Während meiner Laufbahn als Steinmetz hat sich mein Umgang mit Steinen grundlegend geändert. Als ich anfing, verwendete ich nur Steine mit natürlichen Flächen und Kanten. Heutzutage baue ich Mauern fast ausschließlich aus Steinen, die ich mir aus dem Natursteinhandel habe kommen lassen und dann selbst behauen habe.

Die puristische Einstellung, mit der ich anfing, wich einer mehr pragmatischen Sichtweise, nicht zuletzt, weil Steine mit guten Flächen und Kanten immer schwieriger zu finden waren. In der Gegend, wo ich wohne, waren die guten Steinplätze bereits durchgesucht und auch Anfragen bei Steinlieferanten brachten keine Lösung. Um geeignetes Material heraussuchen zu können, mußte ich 35 Prozent Überschuß bestellen und das Unbrauchbare aussortieren. So blieb mir die Wahl, entweder den Weg zu einer immer kompakteren Bauweise aufzugeben oder zu lernen, wie die zur Verfügung stehenden Steine zu behauen sind.

Um Steine zu spalten und zu behauen, müssen Sie die Struktur der Steine verstehen, brauchen etwas Übung und ein paar grundlegende Werkzeuge: Hämmer, Meißel und einen Winkel. Weiterhin benötigen Sie eine Schutzbrille, dicke Lederhandschuhe und einen robusten Arbeitstisch.

Die von Ihnen gewählte Gesteinsart bestimmt zum großen Teil die endgültige Form des Steins. Gestein mit homogener, kristalliner Struktur wie Granit, Sandstein, Kalkstein und manche Quarzite können gut gespalten und behauen werden. In der Regel ist solches Gestein einfacher zu bearbeiten.

Geschichtete Gesteine oder Stein mit inhomogener, kristalliner Struktur sind schwieriger zu behauen, da die Erschütterung beim Schlagen mit dem Hammer den Stein oft entlang der Schichtung spaltet, anstatt ihn sauber senkrecht dazu zu teilen. Viele Sorten von Quarzit, Gneis und Schiefer fallen unter diese Kategorie. Wenn Sie einen solchen Stein bearbeiten, können Sie immer nur kleine Stücke abschlagen. Nehmen Sie sich deswegen die Zeit, einen Stein zu suchen, der schon möglichst gut paßt.

Sie brauchen nicht unbedingt glatte Flächen herzustellen. Das Ziel ist eher, den Stein möglichst exakt in seine Umgebung einzupassen. Im hier gezeigten Beispiel erhält der Stein zunächst eine plane Sichtfläche. Senkrecht dazu wird dann eine weitere Sichtfläche behauen, so daß er an eine Mauerecke gesetzt werden kann, wo man zwei seiner Flächen sieht.

Der Stein, den man auf den folgenden Bildern sieht, ist dichter Sandstein aus Virginia und wurde in einem Natursteinhandel gekauft. Er ließ sich leicht bearbeiten, problemlos behauen und spalten.

Stellen Sie sich vor, daß die lange Kante Ihres Arbeitstisches die Front der Mauer und die Tischoberfläche eine Steinreihe darstellt. Nehmen Sie sich einen Stein, den Sie bearbeiten wollen, und positionieren Sie ihn auf dem Tisch, als würden Sie ihn in die Mauer setzen.

Als nächstes rücken Sie den Stein ein wenig nach vorne, so daß er über die Tischkante übersteht. Stellen Sie sich nun vor, daß eine vertikale Ebene entlang der Tischkante durch den Stein geht. Die vier Vorderkanten des Steins sollen nach dem Behauen alle in dieser Ebene liegen.

Nehmen Sie Ihren Winkel als Lineal und einen 8 cm breiten Meißel, und ritzen Sie eine Linie über die Oberseite der Steine. Diese Linie sollte genau oberhalb der Tischkante verlaufen.

Markieren Sie nun die Enden des Steins auf die gleiche Weise. Stellen Sie dazu den Winkel auf den Tisch und schieben den rechten Winkel bis an die Tischkante. Markieren Sie ebenfalls die Steinunterseite.

Treten Sie zurück und überprüfen Sie, ob alle Linien in der vertikalen, entlang der Tischkante verlaufenden Ebene liegen.

Nun erhält der Stein eine Nut. Dadurch läßt sich der Stein nachher viel leichter sauber abschlagen. Positionieren Sie einen 8 cm breiten Meißel auf der Linie und schlagen Sie ihn mit verhaltener Kraft mit einem Hammer. Gehen Sie mit dem Meißel entlang der Linie rund um den Stein.

Mit einem Hartmetallmeißel wird die Nut noch einmal ringsherum vertieft.

Nun wird der Stein behauen. Arbeiten Sie entlang der Nut, schlagen Sie viel fester als vorher. Dabei werden Gesteinsbruchstücke entlang der Linie abgeschlagen. Arbeiten Sie zuerst entlang der Ober- und Unterseite.

Um ein Ende zu behauen, wird der Stein mit dem Ende nach oben aufgestellt und zwischen Steinen fest verkeilt.

Abschließend werden restliche Überstände abgeschlagen.

Mit etwas Übung sind Sie bald in der Lage, eine sauber behauene Fläche zu erzielen.

Bei einem Mauereckstein wiederholen Sie die vorangegangenen Schritte für eine weitere Seite. Legen Sie wie links gezeigt den Winkel so an, daß die geritzten Linien (und damit die zu behauende Fläche) senkrecht zu der bereits behauenen Fläche stehen.

Der Eckstein unter den Meißeln wurde vollständig behauen.

Behauen von Steinplatten

Viele Steinplatten neigen dazu, zu schiefern. Es bedarf einer besonderen Technik, sie senkrecht zum Lager zu behauen. Der Teil, der entfernt werden soll, wird durch eine mit Meißel und Lineal über die Steinoberfläche geritzte Linie gekennzeichnet. Stützen Sie die Platte auf eine schräge Unterlage, so daß die geritzte Linie tiefer liegt. Legen Sie einen Schlauch mit Brausekopf so auf das erhöhte Ende, daß das Wasser langsam und gleichmäßig über den Stein und die Linie läuft. Setzen Sie ihre Schutzbrille und den Gehörschutz auf.

Nehmen Sie nun eine Handkreissäge oder einen Winkelschleifer mit einer Trennscheibe. Wenn das Gerät für das Arbeiten mit Wasser nicht ausdrücklich spezifiziert ist, müssen Sie unbedingt auf das Wasser verzichten. Schneiden Sie nun eine gerade, flache, 6 mm tiefe Nut entlang der Linie. Setzen Sie die Vorderkante des Sägetischs auf den Stein mit der Richtungsmarke auf der Linie. Halten Sie die Säge schräg, so daß die Scheibe den Stein nicht berührt. Schalten Sie dann die Säge an. Senken Sie die rotierende Scheibe, bis sie den Stein am Beginn der geritzten Linie berührt. Führen Sie die Säge vorsichtig vor und zurück. Üben Sie nach unten keinen Druck aus, sondern lassen Sie das Gewicht der Säge die Arbeit tun. Wenn Sie den Handschutz anheben müssen, um die Sägerichtung besser sehen zu können, sollten Sie extrem vorsichtig sein. Das über den Stein fließende Wasser reduziert die Staubentwicklung und läßt die Scheibe länger leben.

Achtung: Die Säge muß für die Verwendung mit Wasser ausreichend isoliert sein. Wenn Sie ein Verlängerungskabel benutzen, muß die Steckverbindung zur Säge mit Klebeband gut abgedichtet werden.

Setzen Sie nun den Stein mit der Nut nach oben in das Kiesbett der zu pflasternden Stelle. Heben Sie den Stein an und positionieren Sie unter dem Teil, den Sie behalten wollen, ein 5 x 10 cm Kantholz. Eine Kante des Holzes muß direkt unter der Nut im Stein zu liegen kommen. Der Stein sollte möglichst viel Kontakt mit dem Kies haben, das hilft dem Stein, den Schlag mit dem Hammer abzuleiten. Der zu entfernende Teil sollte jetzt frei über dem Kiesbett liegen.

Nehmen Sie einen 1 bis 1,5 kg schweren Hammer und schlagen Sie damit auf das Stück, das entfernt werden soll. Ist dieses besonders lang, verwenden Sie gleichzeitig zwei Hämmer – in jeder Hand einen. Meistens bricht der Stein sauber entlang der Nut. Wenn nur eine Schicht wegbricht, ritzen, schneiden und brechen Sie den Rest erneut.

Schneiden Sie mit einer Handkreissäge eine Nut in die Steinplatte.

Aus grossen Steinen kleine machen

Ein einzelner Schlag mit einem Vorschlaghammer kann aus einem großen Feldstein zwei kleine machen. Ich habe oft festgestellt, daß die Bruchflächen sich hervorragend als Sichtflächen für Mauersteine eignen.

Mit einem 2,5-kg-Vorschlaghammer wird ein Feldstein gegen das Lager gebrochen.

Steine spalten

Bei ausgeprägtem Lager kann man, um eine glatte Fläche zu erzeugen, einen Teil des Steins abspalten. Die Schichten von Sedimenten sind oft sichtbar. Setzen Sie den Meißel zwischen zwei Schichten und schlagen Sie ihn mit dem Hammer. Wiederholen Sie das an verschiedenen Stellen derselben Schicht, bis der unerwünschte Teil dann schließlich abspringt.

Das Bewegen von Steinen

Weil man Stein für Stein setzt, denkt man nicht daran, daß man für eine Stützmauer eine Tonne oder mehr an Material bewegen muß. Nach einigen Stunden werden Sie den Effekt jedoch spüren. Die nachstehenden Tricks helfen Ihnen bei der Arbeit und schützen Sie vor gesundheitlichen Schäden.

- Um sich für die körperliche Anstrengung vorzubereiten, sollten Sie sich vor der Arbeit aufwärmen und ein paar Dehnübungen machen. Wenn Sie ein Neuling sind, achten Sie besonders darauf, sich nicht zu überanstrengen. Beginnen Sie mit kurzen Arbeitseinheiten, kleinen Projekten und leichteren Steinen. Lassen Sie Ihrem Körper Zeit, sich an die Arbeit zu gewöhnen.
- Heben Sie einen Stein nie aus dem Kreuz, sondern stets aus den Knien heraus.
- Was immer Sie tun, seien Sie achtsam. Mir sind schon mehrfach große Steine in die falsche Richtung gerollt und haben mich zu wilden Stepptänzen gezwungen, um ihnen auszuweichen.
- Bei sehr großen Steinen sollten Sie eine Winde einsetzen, wenn Sie eine haben: Versuchen Sie den Stein anzuhebeln und ein oder zwei Bretter unterzulegen, damit er besser rutscht. Haken Sie nun die Winde an etwas Schwerem fest, das nicht verrutschen wird, etwa einem großen Baum, einem Auto oder einem Lkw. Befestigen Sie Kette, Seil oder

Gurt am Stein und an der Winde. Während Sie die Kurbel bewegen und den Stein damit in Richtung Befestigungspunkt ziehen, sorgt ein Freund mit Hilfe einer Brechstange dafür, daß der Stein auf den Brettern bleibt.

- Um große, relativ flache Steine zu bewegen, kann man sie auf gut halbmeterlangen Rundhölzern mit einem Durchmesser von 10 bis 20 cm rollen. Auf glattem, hartem Boden funktionieren auch Rohrstücke mit kleinem Durchmesser.

- Wenn Sie eine Brechstange an den Stein binden, brauchen Sie zum Bewegen weniger Kraft.

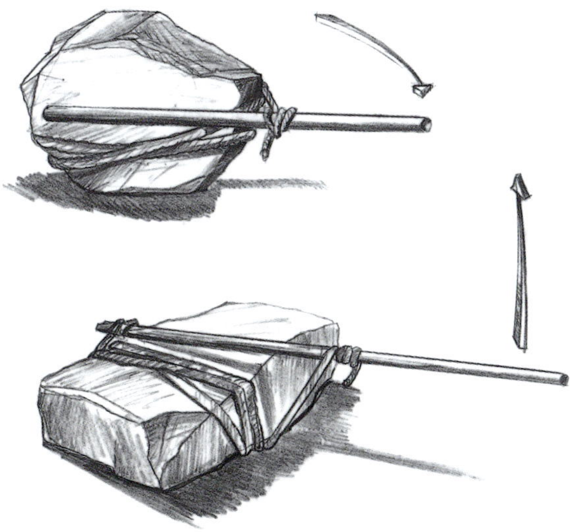

- Manche größeren Steine lassen sich auf einem Brett zur Mauer hochwälzen.

- Um sehr große Steine zu bewegen, legen Sie eine Schubkarre unmittelbar neben dem Stein auf die Seite und schieben den Stein in die Schubkarre. Heben Sie den Stein am Ende an, gehen Sie auf die andere Seite. Ziehen Sie Stein und Schubkarren zu sich, bis die Schubkarre steht.

KAPITEL IV

STÜTZMAUERN

Gut gearbeitete Stützmauern überdauern die Zeitläufe auch ohne Mörtel, widerstehen den Kräften der Natur und den Belastungen durch den Menschen. Das Bauprinzip dieser schönen Mauern ist einfach, und viele Schritte lassen sich auch auf andere Bauprojekte ohne Mörtel übertragen.

Die Theorie

Eine Stützmauer soll in erster Linie das dahinterliegende Erdreich am Abrutschen hindern. Wenn sie nicht richtig gebaut wurde, wird sie diese Aufgabe nicht erfüllen können. Machen Sie sich mit den Grundlagen der Konstruktion eine Stützmauer vertraut, bevor Sie mit dem Bau beginnen. Beim Lesen dieses Abschnitts ist der Querschnitt auf der nächsten Seite hilfreich.

Hinterfüllung

Eine trockengemauerte Stützmauer wird mit kleinem Abstand zu dem Erdreich errichtet, das gestützt werden soll. Der Abstand zwischen einem Stein und der zu stützenden Erde hängt von seiner Größe ab. Wenn Sie einen großen Stein setzen, etwa einen 50 cm tiefen, ist vielleicht nur noch 10 cm Platz zwischen Steinrückseite und Erde. Die größten Steine, die die Frontansicht der Mauer beherrschen, berühren das Erdreich vielleicht sogar. Ein 15 cm tiefer Stein hingegen wird 45 cm Abstand zur Erde haben. Während der Arbeit werden die Zwischenräume mit Kies und – wenn Sie haben – mit Bruchsteinen aufgefüllt.

Mauerhöhe

Am einfachsten sind Mauern zu errichten, die nicht viel höher als 0,5 m sind. Diese niedrigen Mauern eignen sich gut, um bestehende Geländestufen oder Einschnitte in Hänge abzustützen. Gelegentlich dienen sie auch einfach nur dazu,

Eine niedrige Stützmauer hält den Kies vor diesem Haus im Südwesten der USA zusammen.

eine Ecke im Garten optisch hervorzuheben. Das Bild auf Seite 49 zeigt ein gutes Beispiel.

Jeder Einschnitt ins Erdreich lädt Wind, Regen und Frost dazu ein, die Erde abzutragen. Je höher der Anschnitt ist, desto stärker muß die Mauer werden.

Zwar kann man eine Trockenmauer auch 1,5 m und höher bauen, dazu muß sie jedoch sehr dick werden, einen Anlauf von 15° erhalten und es müssen sehr viel größere Steine verwendet werden. Die unterste Steinreihe müssen Sie weiter von der Erde wegsetzen, um der größeren Stärke der Mauer Rechnung zu tragen. Außer wenn Sie extrem große Steine besorgen können, sollte eine Trockenmauer nicht höher als 1,5 m werden.

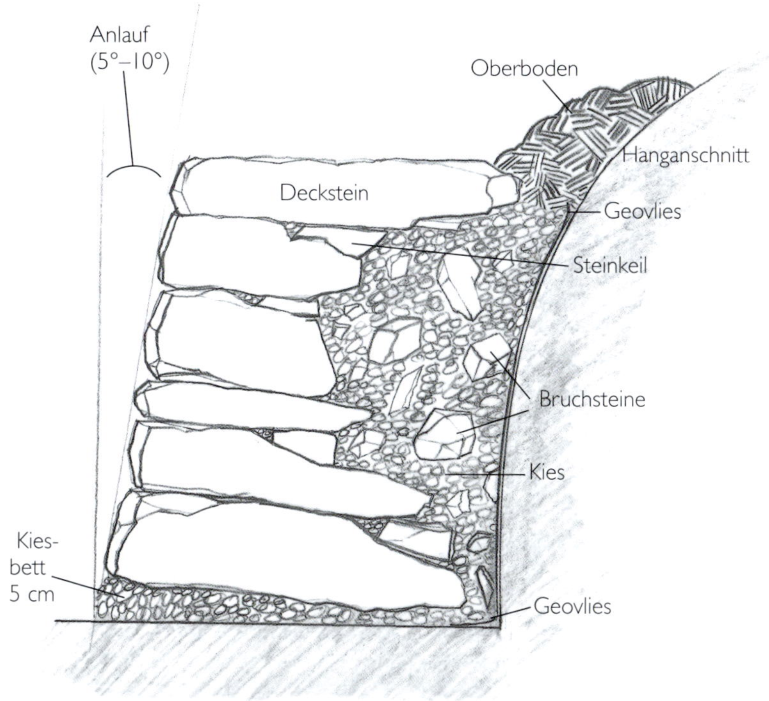

Mauerstärke

Die Stärke einer Trockenmauer hängt von der Größe der verwendeten Steine und von der endgültigen Höhe ab. Mauern bis zu 60 cm Höhe sollten zwischen 30 und 50 cm stark sein. Bei einer Höhe bis 1,5 m sollten sie 50 bis 60 cm stark sein.

Anlauf

Trockenstützmauern haben stets einen Anlauf. So lehnen sie sich gegen die Erde und verhindern, daß die Erde vorrutscht und die Mauer umwirft. Wenn Sie eine hohe Stützmauer brauchen, aber stark geneigte Mauern nicht schön finden, können Sie sich überlegen, eine Serie kleiner Terrassen anzulegen. (Hinweise zum Bau von Terrassenmauern werden in Kapitel VIII gegeben.) Die Alternative ist eine senkrechte Stützmauer aus eisenverstärktem Beton. Die Sichtseite läßt sich mit Steinen verkleiden oder verputzen.

Eine Stützmauer, die höher als 1,5 m ist, sollte aus sehr großen Steinen gebaut werden. Diese Mauer im Nordwesten der USA ist aus Basaltblöcken.

Neigung der Steine

Die Oberseite der Steine sollte waagrecht liegen oder leicht zur Erde hin abfallen. Dann läßt sich der Anlauf besser einhalten, und die Steine können den Druck des Erdreichs nach unten besser ableiten.

Maueroberkante

Die Skizzen und Fotografien auf der gegenüberliegenden Seite zeigen drei Möglichkeiten, die Mauer nach oben abzuschließen. Die Mauer sollte dem Verlauf des Hangs ungefähr folgen. Wenn die Erde hinter der Mauer überall die gleiche Höhe hat, sollte auch die Mauer eine gleichbleibende Höhe erhalten. Die Decksteine sind ein perfekter Platz für Topfpflanzen oder können – wenn die Höhe stimmt – als Bank dienen.

Wenn das Gelände zu einer Seite hin abfällt, sollte die Mauer dort entsprechend flacher sein. Eine Möglichkeit ist eine stufige Mauer mit waagrechten Decksteinen auf unterschiedlichen Höhen. Um diesen Mauertyp zu bauen, fangen Sie an der flachen Seite an und setzen zwei oder drei Reihen Steine über die ganze Länge. Dann gehen Sie wieder an das flache Ende und fangen an, Decksteine zu setzen. Wenn Sie den Punkt erreicht haben, wo die Erde höher als die Decksteine liegt, hören sie mit den Decksteinen auf und setzen auf dem restlichen Stück ein oder zwei Reihen Steine. Dann setzen Sie wieder Decksteine, bis die Mauer einer erneuten Stufe bedarf. Wiederholen Sie diese Schritte, bis die Mauer fertig ist.

Sie können auch eine Mauer mit abschüssig verlaufenden Decksteinen bauen, die dem Geländeanschnitt folgen. Dies ist optisch sehr reizvoll. Bei zu starkem Gefälle kann die Mauer aber nicht mehr als Bank verwendet werden.

Mauerecken

Vielleicht stoßen die Enden einer geraden Stützmauer oder das hohe Ende einer gestuften Mauer an die Grundmauern eines Hauses an oder finden an etwas anderem ihren Anschluß. Mauern können aber auch freistehend enden. Denken Sie jedoch daran, daß freie Enden sehr gefährdet sind.

Die Stützmauer links mit ihrer gestuften Oberkante besteht aus einem Betonfundament und normalem Mauerwerk, das mit Steinen verblendet wurde, als sei sie eine Trockenmauer.

Auf flachen Mauern mit breiten Decksteinen läßt sich gut sitzen.

Gerade Mauer mit behauenen Ecksteinen

Eine »gestufte«, im Bau befindliche Stützmauer

Eine »gestufte« Mauer, deren Decksteine dem Hang entsprechend auf verschiedenen Niveaus sind

Diese Mauer fällt mit dem Hang langsam ab.

Eine Mauer, deren Höhe von einem zum anderen Ende abnimmt

Ein Handkarren oder kletternde Kinder können schlimmen Schaden anrichten. Seien Sie also darauf bedacht, die Ecksteine besonders gut einzupassen.

Stützmauern müssen an freien Enden mit Ecksteinen gesichert werden, damit die Hinterfüllung und das Erdreich zurückgehalten werden. Zum Bau

von Ecken gibt es eine Reihe von Konstruktionsmöglichkeiten. Eine übliche besteht in der Kombination zweier Steintypen: kompakte, blockartige Steine und einige lange Binder, die von der Vorderseite der Mauer bis zum Erdreich reichen. Denken Sie daran, daß die Steine, die von vorne und von der Seite der Ecke zu sehen sind, zwei aneinanderstoßende Sichtflächen haben müssen.

Als Abschluß eignet sich auch ein einzelner, sehr großer, dicker Stein, der im 90°-Winkel zur Vorderseite der Mauer gesetzt wird.

Der ebene Fahrweg aus Kies war ein idealer Arbeitsplatz für den Bau dieser Mauer.

TROCKENMAUERN EINER STÜTZMAUER

Seit einigen Jahren leite ich in meiner Heimat Stein-Workshops. Für dieses Buch wurde die Arbeit eines Workshops im North Carolina Arboretum in Asheville fotografiert. Von den Dutzend Teilnehmern des Kurses hatte nur einer Erfahrungen mit dem Bau von Mauern. Dennoch brauchten wir nur zwei achtstündige Einsätze, um die gut 18 m lange Mauer fertigzustellen.

Anleitung und Fotografien werden Sie Schritt für Schritt durch die Arbeiten leiten, die wir im Workshop ausgeführt haben. Wenn Sie dieses Kapitel beendet haben, sind Sie in der Lage, Ihre eigene Stützmauer trockenzumauern.

Planung

Wie bei jedem Bauprojekt machen ein wenig Planung und Vorbereitung die Arbeit leichter. Bevor Sie mit der Mauer (oder einem anderen Stein-Projekt) anfangen, erstellen Sie eine Skizze von dem fertigen Bauwerk in seiner Umgebung. Sie müssen bestimmen, wie stark die Mauer werden soll, ob sie gerade oder gekurvt verläuft, ob sie zum Rand hin abfallen oder überall die gleiche Höhe haben soll.

Die Gegebenheiten des Geländes spielen bei den zu treffenden Entscheidungen eine wichtige Rolle. Die im Workshop gebaute Mauer ist 60 cm hoch, sie ist auf dem Bild unten zu sehen. Die

Die im Workshop erbaute Mauer eignete sich gut als Bank und bekam deswegen noch eine Rückenlehne spendiert.

Die Steinmetzin Frederica Lashley schuf auf dem ebenen Rasen mit aufgeschütteter Erde und einer flachen Mauer ein Blumenbeet.

Höhe ergab sich aus dem Anschnitt des dahinterliegenden Hangs. Wegen der geringen Höhe wurde die Mauer nur 50 cm stark. Wir verwendeten Steine bis zu einer Tiefe von 45 cm. Die Kieshinterfüllung war ungefähr 5 bis 10 cm stark.

Auswahl und Vorbereitung des Geländes

Der Reiz von Trockenmauern liegt zum Teil gerade in ihrer Schlichtheit. Sie brauchen weder Mörtel noch einen Betonsockel. Allerdings brauchen sie ein passendes Gelände: einen Hügel oder Hang, dessen Erde gehalten werden muß.

Wenn sich auf Ihrem Grundstück kein Hang und kein natürlicher oder beim Ausschachten für das Haus entstandener Hügel befindet, lassen Sie sich für einen Hügel Erde anliefern.

Als nächsten Schritt müssen Sie den Hügel – egal ob er neu oder alt ist – anschneiden. Um die Arbeit zu beschleunigen, hatte ich einen kleinen Bagger bestellt, der die Grobarbeit übernahm. Die Kursteilnehmer haben dann per Hand mit Breithacken und Schaufeln nachgearbeitet und Wurzeln und Steine entfernt. Es ist nicht schlimm, wenn Sie sich keinen Bagger leisten können. In den allermeisten Fällen läßt sich der Anschnitt für eine niedrige Mauer auch per Hand bewältigen. Wenn Ihre Erde nicht sehr hart ist, können Sie sogar auf die Breithacke verzichten und nur mit der Schaufel arbeiten.

Der Anschnitt sollte sich entsprechend dem Anlauf der zukünftigen Mauer leicht zurückneigen. Ein Bagger macht in der Regel einen senkrechten Anschnitt. Sie müssen dann noch nacharbeiten, aber die Hauptarbeit ist schon getan.

Bewahren Sie sich etwa ein Viertel der Erde auf (insbesondere, wenn es sich um guten Oberboden handelt), und lagern Sie sie in der Nähe eines Endes der zukünftigen Mauer. Wenn die Mauer fertig ist, brauchen Sie die Erde, um den Bereich

Ein kleiner Bagger besorgte den Anschnitt für die Mauer. Die Teilnehmer rechten vom Hang etwas Erde herab, um damit kleine Löcher zu füllen, und stampften die Erde fest. Wurzeln und Steine wurden mit Schaufel und Breithacke entfernt.

zwischen Decksteinen und Hangoberkante auszukleiden. Legen Sie auch alle Steine, auf die Sie stoßen, auf einen Haufen. Sie werden mit dem Kies als Hinterfüllung verwendet.

Nach dem Anschnitt muß die Grundfläche für die Mauer gesäubert werden. Sie sollte eben und frei von Steinen sein. Ebenfalls sollte ein 1 bis 2 m breiter Arbeitsplatz entlang der Mauer freigeräumt werden, damit Werkzeuge, Stein- und Kieshaufen Platz haben. Ihr Werkzeug sollte so nah zur Hand sein wie möglich. Entfernen Sie überflüssige Erde. Wie für jeden Arbeitsbereich gilt auch hier, daß die Arbeit reibungsfreier abläuft, wenn man Ordnung hält. Wenn Sie regelmäßige Pausen einlegen, um aufzuräumen, wird der größte Teil der anfallenden Bruchsteine und Steinsplitter zur Hinterfüllung beitragen.

Wenn Sie den Erdanschnitt mit einem Geovlies abdecken wollen (siehe Seite 17), sollten Sie dies tun, bevor Sie mit dem Bau der Mauer beginnen.

Sortieren der Steine

Nachdem ich die Baustelle vorbereitet habe, sortiere ich die Steine gerne nach Größe und manchmal auch nach Form. Dadurch werde ich mit den Steinen vertraut, die ich zur Hand habe. Natürlich kann ich mir nicht jeden Stein merken. Beim Hantieren scheinen sie sich aber im Unbewußten einzuprägen. Wenn ich an einer Mauer baue, greife ich oft ganz automatisch den am besten passenden Stein aus den vorsortierten Haufen.

Achten Sie beim Sortieren auf die Form und die Sichtflächen der Steine. Legen Sie sie jeweils mit der besten Fläche nach oben. So finden Sie schneller einen Stein mit bestimmter Größe oder Form. Die flachen, großen Steine legen Sie als Decksteine zur Seite.

Bereitstellen von Werkzeug und Material

Den Kies sollten Sie entweder in 20-l-Eimern bereitstellen oder in einem Haufen in der Nähe der Steine. Es ist auch hilfreich, einige Eimer mit flachen oder keilförmigen kleinen Steinen zu füllen.

Legen Sie Ihr Werkzeug und Ihre Ausrüstung bereit. Bis auf rostempfindliches Werkzeug kann bei einer Pause einfach alles liegen bleiben. Der Wind wird wohl nichts wegwehen, und der Regen macht den Materialien auch nichts. Die Baustelle wird sich kaum verändern, selbst wenn sie Monate vernachlässigt wird.

Ausbringen der Bettung

Für eine 60 cm hohe Mauer sollte das Kies- oder Splittbett 5 cm dick sein und vom Erdanschnitt bis etwa 5 cm vor die Vorderkante der Mauer reichen. Eine 1,2 m hohe Mauer benötigt größere Steine und ein 10 bis 15 cm breiteres Kiesbett. Zu Beginn ist die Breite des Betts nicht kritisch. Sie können es auch noch verbreitern, wenn Sie die erste Steinreihe setzen. Benutzen Sie einen Rechen mit Stahlzinken, um das Material gleichmäßig zu verteilen.

Setzen der ersten Reihe

Die erste Steinreihe trägt das Gewicht der ganzen Mauer. Um es gleichmäßig zu verteilen, sollten die Steine eine großflächige Oberseite haben. »Groß« ist natürlich ein relativer Begriff und hängt von den verfügbaren Steinen ab.

Beginnen Sie mit einem Stein an einem Ende der Mauer. Setzen Sie seine Vorderkante dorthin, wo die Vorderkante der Mauer verlaufen soll. Die Oberseite des Steins sollte leicht nach hinten abfallen. Ist die Oberseite nach vorne geneigt, also entgegen dem Anlauf der Mauer, ist die nächste Steinreihe schwerer zu setzen.

Der erste Stein im Splittbett

Wenn die Mauer nicht an ein anderes Bauwerk angrenzt, sind die Steine an beiden Enden der Mauer Ecksteine. Sie brauchen also zwei angrenzende Sichtflächen – eine für die Vorderseite der Mauer und eine für die Seite. Wenn der Stein nicht lang genug ist, muß die Lücke zwischen Erde und Mauer mit weiteren Steinen geschlossen werden, damit der hinterfüllte Kies nicht herausrieselt. (Zur Konstruktion verschiedener Mauerecken siehe auch den Abschnitt »Mauerecken« auf den Seiten 44 bis 46.)

Fahren Sie fort, indem Sie Stein um Stein in die erste Reihe setzen. Hören Sie 1 bis 2 m vor dem anderen Mauerende damit auf. Die Steine sollten bestmöglich zusammenpassen. (Die Steinrückseiten müssen nicht perfekt zusammenstoßen, denn die Lücken werden durch den Kies aufgefüllt. Aber scheuen Sie nicht den Aufwand für eine möglichst lückenlose Front.)

Setzen der ersten Reihe. Durch Unterschieben von Kies werden die Steine ausgerichtet.

Um den Winkel der Steine anzupassen, wird mit Kies oder keilförmigen Steinen unterfüttert. Wenn an einem Stein eine vorspringende Ecke stört, wird dieser mit Hammer und Meißel passend behauen.

In der ersten Reihe kann man gut Steine verbauen, die zwar eine große, ebene Fläche haben, deren gegenüberliegende Seite aber rund oder unregelmäßig ist. Diese Seite wird in den Kies versenkt. Wenn nötig, müssen Sie sogar durch den Kies hindurchgraben, damit der Stein sicher sitzt und die gewünschte Höhe erhält.

Nun schließen Sie die erste Reihe ab, indem Sie an dem unfertigen Ende beginnen und in Richtung der bereits gesetzten Steine arbeiten.

Verschiedene Höhen werden durch kleine Steine ausgeglichen.

Würden Sie einfach durcharbeiten, müßten Sie zum Schluß für das Mauerende einen exakt passenden Stein finden. Das ist besonders schwierig, wenn die Mauer gegen ein anderes Bauwerk grenzt. Es ist leichter, den letzten Stein zuerst zu finden und dann rückwärts zu arbeiten.

Wenn das Ende der Mauer freisteht, sollten Sie daran denken, daß die letzten Steine jeder Reihe Ecksteine sind.

Die Steine der ersten Reihe müssen nicht alle gleich stark sein. Um dennoch eine einheitliche Oberkante der ersten Reihe zu erzielen, werden kleine, flache Steine auf die niedrigeren Steine gelegt. Wenn Sie mit der Reihe fertig sind, stellen Sie sich an ein Ende und überprüfen ihren Gesamteindruck. Die Steine sollten alle korrekt sitzen.

Verteilen und Verdichten der Kieshinterfüllung

Falls Sie Bruchsteine haben, verteilen Sie einige davon in der Lücke hinter der ersten Reihe. Streuen Sie dann Kies darüber und in die Lücken zwischen den Rückseiten der Mauersteine. Nun müssen Sie den Kies um die Steine herum verdichten, um sie endgültig auszurichten und zu befestigen. (In Mauern mit Mörtel hat der Mörtel eine ähnliche Funktion.) Verdichten von Kies ist eine öde Arbeit, erhöht aber deutlich die Stabilität der Mauer.

Zum Verdichten nehme ich ein Stück Armierstahl mit einem gerundeten Ende. Ein kurzes Brecheisen oder die lange, spitze Seite eines Maurerhammers funktioniert auch. Stoßen Sie mit dem Werkzeug in den Kies um die Mauersteine herum, drücken Sie den Kies in die Hohlräume. Wenn dabei der Kies unter einem Stein verschwindet, füllen Sie welchen nach oder kratzen welchen von der umliegenden Hinterfüllung zusammen. Stopfen Sie weiter, bis das Loch gefüllt ist.

Verdichten der Splitthinterfüllung mit dem flachen Ende eines Maurerhammers

Bevor Sie die nächste Reihe setzen, kehren Sie den Kies von den Steinoberseiten zurück. Die vordersten 10 bis 15 cm jedes Steins sollten blank sein. Kies auf der vorderen Oberseite würde die Haftung zwischen den Reihen verringern.

Die restlichen Reihen

Zur Fertigstellung der restlichen Reihen wiederholen Sie die vorangegangenen Schritte: eine Reihe Steine setzen, dann mit Kies und Bruchsteinen hinterfüllen. Bei der Arbeit sollten Sie folgendes beherzigen:

- Achten Sie während der Arbeit auf den Anlauf der Mauer. Jeweils nach ein paar Reihen stellen Sie sich an ein Ende und schauen an der Mauer entlang. Die Neigung sollte 5° bis 10° betragen. (Wenn Sie mit Gradzahlen nicht vertraut sind, stellen Sie eine Uhr auf 12 Uhr und 1 Minute.

Erde als Hinterfüllung

Ich habe viele Stützmauern gesehen, die nur mit Erde hinterfüllt waren, unter anderem diese 100 Jahre alte Mauer jenseits des Baches bei mir zu Hause. Die meisten bestehen aus sehr großen Steinen und enthalten kleine Steine nur, wo sie für die Sicherung der großen wichtig sind.

Die Steine dieser Mauer werden durch ihr großes Gewicht am Platz gehalten. Ich empfehle auch dort eine Kieshinterfüllung, wo es kaum Bodenfrost gibt. Kies erhöht nicht nur die Stabilität einer Trockenmauer. Durch seine Konsistenz lassen sich die Steine einfacher positionieren.

Beim Stopfen großer Lücken nehme ich manchmal zunächst einen Hammerstiel, bevor ich zur Eisenstange greife.

Verdichten von Splitt hinter den Decksteinen mit einer Brechstange.

Der Winkel zwischen den Zeigern ist dann 6°. Der Anlauf der Mauer sollte ziemlich gleich aussehen.)

- Setzen Sie beim letzten Stück einer Reihe jeweils den Eck- oder Schlußstein zuerst, und arbeiten Sie dann rückwärts zu den Steinen, die Sie bereits gesetzt haben.
- Der Schlüssel zu einer gut gebauten Mauer sind kleine Fugen. Ein Stein sollte einen möglichst großflächigen Kontakt mit den ihn umgebenden Steinen haben. Nehmen Sie sich Zeit beim Auswählen der Steine. Wenn ein Stein aussieht, als würde er an eine bestimmte Stelle gut passen, setzen Sie ihn dort hin. Manchmal paßt er dann noch besser, wenn man ihn umdreht. Falls nötig, schlagen Sie Überstände oder dünn auslaufende Enden ab, um die Steine enger setzen zu können.
- Gelegentlich werden keilförmige Steine zur Stabilisierung größerer Steine oder flache Steine zum Höhenausgleich nötig sein.
- Denken Sie beim Verlegen einer Reihe immer schon an die nächste. Bevor Sie einen Stein setzen, schlagen Sie Überstände ab, die bei der nächsten Reihe Probleme bereiten würden.

Für eine glatte Fläche werden Überstände Stück um Stück abgeschlagen.

Die gebogene Mauer oben bildet eine Rückenlehne zu der Mauer darunter.

- Achten Sie stets auf versetzte Fugen. Die Steine sollten die Fugen der jeweils vorangegangenen Reihe abdecken.
  Es gilt die Faustregel: »Zwei auf einen, einen auf zwei, zwei auf einen und so weiter.« Wenn zwei Steine außergewöhnlich gut zusammenpassen, mißachte ich schon mal die Regel. Jedoch nur selten und nie über mehr als zwei Reihen. Andernfalls würden sich senkrechte Klüfte durch die Mauer ziehen, die häßlich aussehen und die Mauer schwächen. Mit einem langen Binder lassen sich auch mehrere Fugen auf einmal abdecken.
- Die letzte Reihe aus Decksteinen schließt die Mauer ab. Rechnen Sie deswegen schnell durch, wie viele Reihen Sie brauchen, bevor die Reihe aus Decksteinen darauf kommt. Im nächsten Abschnitt wird erklärt, wie das geht.

Anpassen der Höhe für den nächsten Deckstein

Setzen der Decksteine

Das Setzen der Decksteine ist der letzte Bauabschnitt einer Trockenmauer. Messen Sie zunächst vom stärksten Deckstein, den Sie haben, die Dicke aus. Angenommen, er wäre 15 cm dick und die Mauer sollte 60 cm hoch werden. Dann darf die Mauer nicht höher als 45 cm sein, wenn Sie mit der Reihe Decksteine anfangen.

Gut gesetzte Decksteine bewahren die Steine davor, sich zu lockern, und garantieren der Mauer ein langes Leben. Decksteine richtig zu plazieren ist eine kleine Herausforderung, aber das Ergebnis lohnt den Aufwand. Legen Sie ein paar Decksteine auf den Boden, und probieren Sie so lange daran herum, bis Sie eine Folge passender Steine gefunden haben. (Auf der Mauer passen diese Steine dann vielleicht nicht mehr so gut wie auf dem Boden, aber es ist ein guter Ausgangspunkt.) Die Steine sollten sicher auf denen darunter ruhen und mit möglichst kleinen Fugen aneinanderstoßen. Setzen Sie die Decksteine nacheinander, genau wie bei den Steinen der anderen Reihen. Die Oberseite sollte nach hinten leicht abfallen.

Das Abschlagen von Überständen ermöglicht, die Decksteine dichter zu legen.

Eventuell muß mit kleinen Steinen unterfüttert werden, damit die Oberkanten auf gleiche Höhe kommen.

Eine Rückenlehne zum Ausruhen

Wenn die Mauer auch als Bank dienen soll, sollten Sie auch eine Rückenlehne in Erwägung ziehen. Sie ist nicht nur bequem, sondern hilft auch, Erdreich zurückzuhalten, das über die Mauer ragt.

Suchen Sie sich zunächst ein paar decksteingroße Steine, die eine schöne, glatte Fläche haben. Zum Ausprobieren einer passenden Serie werden sie auf dem Boden gegen mit Kies oder Stein gefüllte Eimer gelehnt.

Wenn Sie eine befriedigende Kombination gefunden haben, setzen Sie die Steine auf die Hinterkanten der Decksteine. Lehnen Sie sie gegen die Erde.

Setzen der Steine für die Rückenlehne

Abschließende Arbeiten

Der Platz hinter den Decksteinen einer Stützmauer ist ideal zum Bepflanzen. Bedecken Sie die sichtbare Hinterfüllung mit der Erde, die Sie anfangs beiseite gelegt haben. Darauf kommt noch etwas Mulch. Kehren Sie Erde und Steinsplitter ab. Ruhen Sie sich dann verdientermaßen aus!

Probesetzen der Rückenlehne

Nach der Arbeit gönnt man sich eine Pause.

HANDWERKSKUNST

Gelegentlich findet man gerade den richtigen Stein für die passende Stelle. Er scheint fast in die Mauer zu springen. Manchmal jedoch will partout kein Stein passen, oder man hat einen und will nur noch eine kleine Ecke abschlagen, und er zerbricht einem in viele kleine Stücke. Das sind Momente, wo eine Pause neue Ideen bringen kann.

Man wird leicht von der Arbeit gepackt, wenn man die Mauer so Reihe um Reihe wachsen sieht. In den Workshops, die ich leite, bin ich immer erstaunt, wie schnell die etwa ein Dutzend Teilnehmer arbeiten. Der ganze Enthusiasmus hat manchmal jedoch übereinanderliegende Fugen, lockeren Splitt und lose Steine zur Folge. Diese Fehler sind einfach zu vermeiden. Gehen Sie die Arbeit mit mehr Ruhe und Aufmerksamkeit an.

Die Trockenmauern von Irland

Irland ist überdeckt mit Tausenden von Kilometern Trockenmauern. Die Tradition der Mauern reicht über 5000 Jahre zurück. Sie markieren Grenzen, hegen Viehbestand ein und nehmen die Steine aus den Äckern auf.

Der Stil jeder Mauer ist geprägt durch die verfügbaren Steine, die zu erfüllende Funktion, die Fähigkeiten des Maurers und die Region, in der sie steht. Die zwei typischen Arten irischer Mauern sind einwandig, die nur einen Stein stark sind, und doppelwandig, die zwei Steine stark sind. Die einwandige Mauer auf dem Foto rechts oben geht entlang der Westküste Irlands im County Claire. Die Steine wurden absichtlich mit Lücken gesetzt. So kann der kräftige Wind hindurch, ohne die Mauer umzukippen. Das Foto rechts unten zeigt doppelwandige Mauern auf der Insel Aran, die den Konturen des Landes folgen.

Ebenfalls von der Insel Aran ist das Foto unten. Die doppelwandigen Grenzmauern sind aus karbonatischem Kalk. Diese hohen Mauern halten durch die sehr großen Grundsteine, die fest in die Erde gesetzt wurden, und durch ihre Stärke, die gewöhnlich die Hälfte der Höhe beträgt. Beim Bau werden auf die Grundsteine zwei Steinreihen gesetzt und der Zwischenraum mit kleineren Steinen gefüllt. Ausgewählte Binder, die von einer Mauerseite zur anderen reichen, werden in manche Reihen eingebaut, um die Seiten zu verbinden. Die Mauern werden abgeschlossen, indem sie mit auf Kante gesetzten Steinen auf der gesamten Mauerlänge abgedeckt werden.

Noch heute werden die Trokkenmauern in Irland nach diesen Methoden gebaut.

Darüber hinaus haben die Gemeinden erkannt, welche historische Bedeutung den alten Mauern zukommt, und bemühen sich um deren Erhalt.

KAPITEL V

PFLANZEN UND STEINE

Pflanzen und Steine gehören von Natur aus zusammen. Mit Bedacht zusammengestellt, sind sie zu jeder Jahreszeit ein schöner Anblick. Eine Gruppe von Steinen kann der perfekte Hintergrund für Blüten und Blätter sein, egal ob von Menschenhand oder Mutter Natur persönlich arrangiert. Manchmal sehen Pflanzen und Steine so hübsch zusammen aus, daß man nicht sagen mag, wer wem die Show stiehlt.

Auswahl der Pflanzen

Informieren Sie sich im Gartencenter oder mit ein paar Büchern und Pflanzkatalogen, welche Pflanzen für Ihren Garten geeignet sind.

Selbstverständlich muß auch die spezielle Lage des Steinprojekts berücksichtigt werden. Haben die Pflanzen einen sonnigen Platz, Schatten oder Halbschatten? Ist der Boden schnelldränend oder ist er gewöhnlich feucht? Ist er sauer oder alkalisch? Ist die Stelle sehr zugig oder gut geschützt? Steingarten- und viele alpine Pflanzen lieben exponierte Stellen, während zarte Waldpflanzen

Manchmal scheinen so zarte Pflanzen wie diese Mexikanische Nachtkerze direkt aus dem Fels zu wachsen.

Nach Heu duftender Farn, Phlox und Rhododendron sehen zusammen wunderschön aus.

geschützte Orte und gedämpftes Sonnenlicht vorziehen.

Denken Sie auch an die Auswahl einheimischer Pflanzen. Sie lassen die Mauer natürlicher aussehen. Achten Sie darauf, Arten auszuwählen, die im Mikroklima Ihres Steingartens gedeihen. Viele Gärtner bieten Wildpflanzen an. Sie können sie

PFLANZEN UND TROCKENMAUERN

Die Erde vor und oberhalb der Stützmauer ist – egal ob eben oder abschüssig – gut für Gartenbeete geeignet. Pflanzen kann man auch direkt in die Mauer setzen.

Pflanzen am Fuß der Mauer verankern das Bauwerk optisch am Boden. Oberhalb der Mauer oder in den oberen Steinreihen bieten sich hängende Pflanzen wie kriechende Moosbeere, Walderdbeere und Nelken an. Sie werden manche Steine verdecken und andere dafür hervorheben.

Manche Gärtner lieben üppigen, ausufernden Bewuchs. Sie wählen Arten, die die Steine umhüllen und die Beete mit bunten Farben füllen. Andere Gärtner ziehen einen zurückhaltenden, strengeren Stil vor, der das Gewicht mehr auf die Steine als auf die Pflanzen legt.

Am besten setzen Sie die Pflanzen bereits während des Mauerns oder Pflasterns zwischen

selbstverständlich auch in der Natur sammeln. Nehmen Sie aber nur solche Pflanzen, die nicht unter Naturschutz stehen, und nehmen Sie stets nur einen kleinen Teil der Exemplare eines Fundortes mit. Denken Sie auch daran, sich gegebenenfalls die Erlaubnis vom Landeigentümer zu holen.

Zur Auswahl der Pflanzen finden Sie im nächsten Abschnitt weitere Tips.

Die grauen Steinflächen kontrastieren angenehm mit dem saftigem Grün und den üppigen Blüten der Kalmie *Olympic Fire*.

Viele Pflanzen wie diese Walderdbeere gedeihen gut in einer Trockenmauer.

die Fugen. Das geht natürlich nur, wenn die Witterung für die zarten Jungpflanzen nicht zu kalt ist.

Wenn Sie in die Mauer eine Pflanze setzen wollen, lassen Sie zwischen zwei Steinen einer Reihe eine Lücke. Diese muß groß genug sein, um den Stengeln der Pflanze und etwas Erde Raum zu geben.

Die Pflanze sollte auf einer Spur von Erde ruhen, die vom Inneren der Mauer bis zur dahinterliegenden Erde reicht. Um zu verhindern, daß die Erde sich mit dem Kies vermischt oder vorne zum Vorschein kommt, kann man zunächst Kies und Lücke mit Geovlies auskleiden. Schneiden Sie ein Loch in das Vlies, so daß die Wurzeln der Pflanze sich durch das Loch hindurch ausdehnen können.

Als nächstes mischen Sie Oberboden mit Kompost, grobem Sand und wasserspeicherndem Granulat. (Das bei Gärtnern und Gartencentern erhältliche Granulat nimmt Feuchtigkeit auf und gibt sie allmählich an die Erde ab.) Sie brauchen von der Mischung für jede zu setzende Pflanze etwa 12 l. Verteilen Sie von der Mauerhinterkante bis zur Erde ungefähr 8 l auf dem Vlies. Diese Spur von Pflanzerde wird die Pflanze mit Nährstoffen versorgen, bis die Wurzeln das Erdreich erreicht haben.

Setzen Sie die Pflanze in die Lücke, so daß von den Blättern bis zur Vorderkante der Mauer noch etwa 5 cm Platz ist. (Dadurch wird die Pflanze vor rauhem, austrocknendem Wind geschützt.) Führen Sie das Blattwerk durch das Loch im Geovlies und fächern Sie die Wurzeln

Beim Setzen einer Pflanze lassen Sie für die Stengel eine Lücke zwischen den Steinen und breiten die Wurzeln vorsichtig hinter der Mauer aus.

Zwei große Brocken Schiefer bilden eine willkommene Sitzgelegenheit unter einer pappelblättrigen Birke. Verschiedene Waldstauden und einjährige Sommerblumen fühlen sich ebenfalls im Schatten wohl.

vorsichtig auf der Erdspur auf. Geben Sie 4 l der Pflanzerde auf die Wurzeln und wässern Sie die ganze Stelle gut. Fahren Sie dann mit dem Setzen der Steine fort. Der Kies hinter den folgenden Reihen wird die Erde um die Wurzeln herum begraben.

Noch einige Tips zum Pflanzen in und um Steinmauern:

- Wenn die Mauer in der prallen Sonne liegt, sollten die Setzlinge für einige Tage durch an die Mauer gelehnte Bretter geschützt werden. Sie können auch ein Stück Sacktuch über die Mauer legen.
- Durch die Kieshinterfüllung sickert Wasser, das die Pflanzen unmittelbar vor der Mauer mit zusätzlicher Feuchtigkeit versorgt.

Dieser Garten im Südwesten der USA ist geprägt von aufgeschichteten Steinen und Gesteinsbrocken.

Achten Sie deshalb darauf, dort nicht zu viel zu gießen.

- Wenn die Mauer nicht nach Süden ausgerichtet ist, liegen die Beete am Fuß mehr oder weniger im Halbschatten. Ist sie nach Süden ausgerichtet, so sammeln die Steine Wärme und die Bodentemperatur dicht vor der Mauer ist recht hoch.
- Dient die Mauer auch als Bank, sollten Sie keine Pflanzen setzen, wo baumelnde Beine sie beschädigen könnten.
- Bepflanzen Sie sparsam. Setzlinge sind im am Anfang nicht sehr üppig, werden aber in den folgenden Jahre kräftig wachsen.
- Pflanzen in kleinen, unregelmäßigen Gruppen sehen natürlicher aus als in gleichmäßigen Abständen.
- Arten wie Alpen- und Steingewächse, die gut dränenden Boden lieben, fühlen sich in Trockenmauern wohl, da die Kieshinterfüllung für Dränage sorgt.

Diese gewundene Mauer liegt in einem feucht-gemäßigten Klima. Im Sommer wird sie von üppigem Grün fast ganz verdeckt.

Kriechende Pflanzen wie dieses hübsche Moos erobern schnell die Fugen zwischen den Steinen.

Pflanzen und Steinpflaster

In den Fugen zwischen Pflastersteinen haben Pflanzen sowohl praktischen wie ästhetischen Nutzen. Sie helfen die Wirkung der harten Steine zu mildern, indem Sie sie optisch in die umliegende Vegetation einbinden. Außerdem nehmen in die Fugen eines Patio, eines Gehweges oder Hofes gesetzte Pflanzen den Unkräutern den Platz weg. Wenn Sie mehrjährige, aromatische Kräuter auswählen, haben Sie beim Darübergehen auch noch ihren wunderbaren Duft.

Kriechende Arten, denen Begehen wenig ausmacht, gehören zu den besten Pflanzen für Stufen

- Waldpflanzen mögen fruchtbaren, feuchten Boden. Damit die Erde die Feuchtigkeit besser hält, wird wasserspeicherndes Granulat untergemischt.
- Gießen Sie die Pflanzen insbesondere im ersten Jahr regelmäßig. Die jungen Wurzeln sind noch nicht bis zum Erdreich gewachsen und brauchen deswegen noch Ihre Hilfe.

Setzen Sie in die Beete oberhalb der Mauer vorzugsweise kleine Pflanzen. Unter allzu üppigem hängendem Bewuchs würden sonst die Steine verschwinden.

und Pflasterungen. Einige Kräuter – zum Beispiel Kamille, duftender Thymian, Winterbohnenkraut, Korsische Minze und niedrig wachsende Alpenkräuter – verströmen einen aromatischen Duft, wenn ihre Blätter gequetscht werden. Diese Pflanzen breiten sich in den Fugen schnell aus und werden durch die Tritte von Menschen und Haustieren »beschnitten«.

Normalerweise werden die Steine auf Kies verlegt und mit Kies ausgefugt. Beim Verlegen der Steine wählen Sie ein paar Fugen zum Bepflanzen aus. Anstatt sie aufzufüllen, wird der Kies dort bis zur Erde entfernt. Mischen Sie Pflanzerde aus Erde, Kompost und grobem Sand. Streuen Sie wasserspeicherndes Granulat in die Löcher. Geben Sie darauf von der Pflanzerde. Setzen Sie die Pflanzen und füllen Sie die Fuge mit der Pflanzerde auf. (Machen Sie nicht wie ich den Fehler, das Granulat zuoberst zu nehmen. Der erste kräftige Regen verteilt das Granulat über die ganzen Platten.)

Gießen Sie die Setzlinge häufig, denn das Kiesbett leitet die Feuchtigkeit schnell ab.

In zwei bis drei Jahren werden sich die Setzlinge von Wollthymian bis in die letzte Fuge ausgebreitet haben.

Auch ein Baum kann in einem Hochbeet stehen. Die sichelförmige Stützmauer auf dieser Seite wurde an einen Hang gesetzt und schichtweise mit leicht gestampfter Erde aufgefüllt. (Das Stampfen verhindert späteres Nachsacken.) Auf ebener Fläche sollte die Mauer das erhöhte Beet völlig umschließen.

Mit dem beim Ausschachten für Häuser oder Fahrwege anfallenden Aushub wird oft Terrain angeschüttet. Ein auf der Fläche stehender Baum wird dadurch halb erstickt. Besser ist es, eine Trockenmauer um den Stamm zu setzen, die die Erde auf sicheren Abstand hält. So retten Sie vielleicht das Leben des Baumes. (Lassen Sie um den Stamm herum viel Platz, damit der Baum noch wachsen kann.)

Pflanzen und Steinstufen

Man kann Pflanzen entlang einer Treppe setzen, zwischen Stufen und Trittplatten oder in jede Fuge. Vermeiden Sie große, buschige Sorten. Sie verbringen sonst später mehr Zeit mit dem Zurückschneiden, als Sie für das Setzen der Steine gebraucht haben. Für die Fugen zwischen Stufen und Trittplatten sollten Sie niedrig wachsende, trittfeste und ausdauernde Arten wie etwa Gebirgspflanzen nehmen. Zartere Pflanzen vertragen es nicht, betreten zu werden. Sie eignen sich eher für die Ränder.

Der wüchsige Mauerpfeffer gibt der Steintreppe einen weicheren Charakter.

Funkie und Frauenhaarfarn bieten einen hübschen Hintergrund für die runden, moosbedeckten Steine.

Freilegen einer Felsplatte

Einmal verbrachte ich einen Tag damit, für einen Kunden eine große, teilweise zutage liegende Felsplatte freizulegen. Zuerst entfernte ich ein paar Weinstöcke und rechte Pflanzenreste weg. Dann grub ich mit Spaten und Breithacke den Oberboden ab und setzte ihn auf die Seite. Ich entfernte auch die losen Steine von der Vorderseite der Platte.

Dann ging ich zu kleinerem Werkzeug über. Die flache Seite eines Maurerhammers, eine Maurerkelle und ein Feger halfen mir, die engen Klüfte von Erde zu befreien. Ich fühlte mich dabei wie ein Paläontologe, der ein riesiges Tierskelett freilegt. Als ich fertig war, hatte sich der Fels als eine Reihe von drei Felsen entpuppt, die zusammen sechs Meter breit waren.

Nachdem ich die Steinplatte gesäubert hatte, mischte ich den aufbewahrten Oberboden mit Kompost und legte damit vor den Felsen ein Beet für Blumenzwiebeln an. Jeden Frühling dient nun der Felsen als wunderschöner Hintergrund für Osterglocken und Tulpen.

Mit Steinen natürlich gestalten

Einzelne Steine oder Steingruppen können ein ansonsten gewöhnliches Grundstück in eine atemberaubende Landschaft verzaubern. Wenn Sie Glück haben, finden sich auf Ihrem Grundstück große Findlinge, Felsplatten oder anstehendes Gestein. Um daraus eine faszinierende Landschaft zu gestalten, müssen oft nur etwas Erde entfernt und Pflanzen neu gesetzt werden.

Wenn es auf Ihrem Grundstück an Steinen fehlt, können Sie Felsbrocken auch kaufen. Transport und Setzen von Felsen verlangt schweres Gerät. Bevor Sie also Geld für das Anliefern und Setzen großer Steine ausgeben, sollten Sie sichergehen, daß auf Ihrem Grundstück keine versteckt liegen. Suchen Sie Ihr Gelände also nach Fels ab, der vielleicht an einem Hang zutagetritt, oder nach nur spärlich mit Erde bedeckten Felsen im Boden. Mit etwas Graben können Findlinge, anstehendes Gestein oder Felsplatten ans Tageslicht gebracht werden.

Zu einem halb freigelegten Fels passen gut größere und kleinere Steine aus ähnlichem Gestein, die man um ihn herum gruppiert. Entsprechende Steine finden sich oft in der Nähe solcher Felsen. Wenn nicht, können Sie im Natursteinhandel nach ähnlichen Steinen suchen.

Sie können anstehenden Fels auch mit gesammelten Steinen und Gesteinsbrocken ergänzen und mit niedrig wachsenden Pflanzen und alpinen Pflanzen besetzen. Ein leichter Hang ist für ein solches Projekt ideal. Wenn keiner existiert, können Sie sich durch Aufschütten von Erde einen schaffen.

Eine kreative Gestaltung mit farbenfrohen Pflanzen und riesigen Steinen läßt hier eine beeindruckende Landschaft entstehen.

Dieser kleine Steingarten wurde aus gekauften Steinen arrangiert.

Um zwischen den Steingruppen kleine Beete zu schaffen, füllen Sie Oberboden und Kompost (oder Oberboden und Gesteinsschutt) in die Löcher hangseits der Steine. Diese mit Bodendeckern oder Pflanzen besetzten Miniaturgärten erhöhen noch die Wirkung der freien Steinflächen. Einige Zwergkoniferen und eine einfache Steinbank runden das Bild ab. Um eine solche Ecke in Ihrem Garten mit einer anderen zu verbinden, können Sie einen Weg aus Trittsteinen legen.

Die Fotografien auf der nächsten Seite zeigen zwei Teile eines künstlichen Steingartens, der über Jahre entstanden und immer noch in der Entwicklung ist. Er liegt in einem schmalen Grundstück auf 1200 m Höhe, wo er einen Sichtschutz für ein Haus bildet, das zwischen zwei anderen liegt.

Halten Sie die Steinarrangements schlicht und lassen Sie zwischen den Steinen genügend Platz für die Pflanzen. Nehmen Sie nach Möglichkeit Steine, die in Ihrer Gegend vorkommen. Setzen Sie große Platten mit ihrer Rückseite in Erde oder Gesteinsschutt, als wären sie die Oberseiten einer natürlichen Gesteinsschicht.

Füllen Sie die Flächen hinter den Steinen mit einer Mischung aus Erde, Kies oder Gesteinsschutt. Achten Sie dabei auf einen für die Pflanzen, die Sie setzen wollen, geeigneten pH-Wert. Holen Sie sich bei einem Gärtner Rat, wie der pH-Wert gemessen wird und wie man eine nötige Anpassung vornimmt.

Mit der Zeit werden die gesetzten Pflanzen aufkeimendes Unkraut unterdrücken. Zwischen den großen Steinen sehen Mädchenauge und Rhododendron sehr hübsch aus.

Der Entwurf verlangte das Errichten einiger gut plazierter kleiner Hügel aus gestampftem Ton und großen Steinen. Zwischen den Steinen sind kleine Taschen mit guter Erde gefüllt, in der Pflanzen wachsen. Der Hügel in der oberen Fotografie auf dieser Seite erreicht eine beachtliche Höhe von 3 m.

Unten sieht man verwitterte Steine und immergrünen Bewuchs, die das ganze Jahr über schön anzusehen sind und nebenbei die Erde abstützen. Da viele der Steine für dieses Projekt sehr groß waren, mußte ein Traktor beim Setzen helfen. Ähnliche Projekte, aber aus kleineren Steinen, lassen sich auch ohne die Hilfe von schwerem Gerät durchführen.

Dieser naturnahe Garten in den westlichen Bergen North Carolinas wurde von mehreren Leuten angelegt. Das Moos auf den Steinen, Farne und Rhododendron sind der typische Waldbewuchs.

KAPITEL VI

PFLASTERUNGEN

Gepflasterte Flächen und Wege laden zum Flanieren ein und zum Verweilen, geben uns Gelegenheit, uns an der natürlichen Umgebung zu erfreuen. Sammeln Sie zunächst Erfahrungen mit Trittsteinen oder mit einem einfachen Weg. Nach etwas Übung erwartet Sie eine ganze Welt an Projekten: elegante Patios, wunderschöne Innenhöfe, einladende Gehwege und mehr.

WEG UND HOF AUS FELDSTEINEN

Dieses Projekt umfaßt einen Hof und dessen Zugang aus in Kies verlegten Feldsteinen. Wie Sie auf den drei Fotografien sehen, verläuft der Weg zwischen der Außenwand eines Hauses und einer aus Betonblöcken und Mörtel errichteten und mit Steinen verblendeten Stützmauer. Ich habe dieses Projekt als erstes ausgewählt, denn wenn Sie seine Arbeitsschritte verstanden haben, werden Sie in der Lage sein, fast jede beliebige Fläche zu pflastern.

Auswahl und Festlegung der Fläche

Eine freistehende Fläche – eine, die an kein Gebäude angrenzt – ist sehr einfach zu pflastern. Pflasterungen, die an Grundmauern eines Hauses anstoßen, sind etwas komplizierter und bedürfen einer sorgfältigeren Planung. Sie müssen sicherstellen, daß das Regenwasser nicht zum Haus hin abfließt oder unter die Verkleidung spritzt. Wird die Arbeit nicht richtig ausgeführt, so werden

Dieser gepflasterte Weg auf der Herb Mountain Farm in Weaverville, North Carolina, führt um das Haus zu einem kleinen Innenhof.

die Mauern feucht und nehmen mit der Zeit Schaden.

In den meisten Fällen reicht es aus, das Areal mit einem Gefälle weg von den Mauern auszustatten. Sie werden gleich lesen, wie das geht. Ist vom Gelände her ein solches Gefälle schwer anzulegen, müssen Sie ein System von Dränagerinnen planen. Deren Bau kann sehr zeitraubend sein. Wenn Sie trotzdem an einem speziellen Areal festhalten wollen, finden Sie in diesem Kapitel Tips zum Bau solcher Rinnen.

Haben Sie sich für einen Platz entschieden, markieren Sie seinen Rand, um sich das Ergebnis vorstellen zu können. Bei quadratischen und rechteckigen Plätzen spannt man eine Schnur. In die Erde werden Stöcke geschlagen. Die Schnur wird dicht über dem Boden von einem zum nächsten Stock gespannt. Bei organischeren Formen wird der Rand mit einem Gartenschlauch oder mit gestreutem Mehl markiert. Lassen Sie das Ergebnis einige Tage auf sich wirken, und nehmen Sie eventuelle Änderungen vor, bevor Sie mit der Arbeit beginnen.

Schutz vor Spritzwasser

Wenn das Haus eine Verkleidung hat, sollten Sie verhindern, daß Regenwasser von den Steinen unter die Verkleidung spritzt. Dazu sollte die Oberseite der Steine mindestens 15 cm unter dem unteren Ende der Verkleidung liegen.

Zunächst entfernen Sie den Bewuchs. Dann müssen Sie überprüfen, ob der Boden am Haus tief genug liegt. Die benötigte Distanz zwischen Boden und Unterkante der Verkleidung ergibt sich, indem man zur mittleren Stärke der Pflastersteine 25 cm hinzuaddiert (10 cm für das Kiesbett und 15 cm für den Abstand zwischen Verkleidung und Pflasteroberseite).

Messen Sie den Abstand nach. Wenn er zu klein ist, müssen Sie etwas Erde abtragen. Bevor Sie das tun, sollten Sie den nächsten Abschnitt lesen.

Läßt sich der nötige Abstand nicht erzielen, können Sie folgende Schutzmaßnahme ergreifen: Heben Sie einen 10 cm tiefen und 10 cm breiten Graben an der Grundmauer aus und füllen ihn mit Kies. Das Pflaster wird dann nur bis zu dem Graben und nicht bis zur Mauer gelegt.

Bestimmung des Gefälles

Eine gepflasterte Fläche, die an ein Gebäude angrenzt, erhält ein Gefälle, damit das Wasser vom Gebäude wegfließt.

Pflasterung mit Feldsteinen in einem Kiesbett

Bei einer freistehenden Fläche ist das Gefälle weniger wichtig. Bei schlecht dränendem Boden sollte jedoch ein Gefälle dafür sorgen, daß das Wasser von der Pflasterung abläuft.

Üblich sind Gefälle von 3 Prozent, mindestens aber 1 Prozent. Das heißt, daß die Pflasterung von der höchsten zur tiefsten Stelle pro Meter 1 bis 3 cm abfällt.

Um die gesamte Höhendifferenz zu berechnen, bestimmen Sie zuerst, wohin das Regenwasser fließen soll. (Führen Sie es immer von Mauern weg.) Messen Sie dann die Strecke zwischen dem höchsten Rand (hier an der Mauer) und dem äußeren Rand der Pflasterung. Legen Sie das Maßband in die Richtung, in die das Wasser fließen soll.

Aus der Länge in Metern läßt sich die Höhendifferenz in Zentimetern berechnen. Wäre der Platz zum Beispiel 2,5 m breit, müßte die Erde an der Mauer ca. 2,5 bis 7,5 cm höher liegen als am gegenüberliegenden Rand.

Ein Gefälle anlegen

Um das korrekte Gefälle herzustellen, werden Sie vermutlich an manchen Stellen Erde abtragen, an anderen aufschütten müssen. Zum Abtragen brauchen Sie Breithacke, Schaufel mit rechteckigem Blatt und Schubkarre. Beim Auffüllen wird zunächst eine Schicht von nicht mehr als 15 cm Stärke aufgebracht. Nehmen Sie feuchte Erde, die frei von organischem Material ist. (Feuchte Erde läßt sich leichter verdichten.) Verdichten Sie die Erde gut mit einem gekauften oder selbstgebauten Handstampfer.

Wiederholen Sie den Arbeitsgang, bringen Sie so viele Erdschichten auf, bis die gewünschte Höhe erreicht ist. Wenn die Pflasterung 20 m^2 oder größer wird, können Sie sich überlegen, eine Rüttelplatte auszuleihen. Tragen Sie bei der Arbeit damit auf jeden Fall einen Gehörschutz.

Das Gefälle des Untergrunds ist weniger kritisch als das der Pflastersteine später. Dennoch sollten Sie es abschließend noch einmal überprüfen. Knien oder legen Sie sich dazu an der tiefsten Seite hin, so daß Ihre Augen auf Bodenniveau sind. Von dieser Stelle sollten Sie einen leichten Anstieg bis zum höchsten Punkt sehen.

Das Gefälle wird akkurater, wenn Sie mit einer (zum Beispiel 1,2 m) langen Wasserwaage arbeiten. Legen Sie sie zunächst auf eine horizontale Unterlage. Heben Sie sie am einen Ende um ein Hundertstel ihrer Länge an. Bei einer 1,2 m langen Wasserwaage wären das zum Beispiel 12 mm. Markieren Sie die Position der Blase in der Libelle mit zwei Strichen auf dem Glas. Nehmen Sie einen wischfesten Filzstift dazu. Wenn Sie nun das Gefälle einrichten, legen Sie die Wasserwaage regelmäßig auf die Erde und passen die Neigung an, bis die Blase zwischen der Markierung ist. (Achten Sie darauf, daß die Wasserwaage in die richtige Richtung zeigt, sonst läuft Ihr Gefälle auf das Gebäude zu!)

Verbesserung der Dränage

Eine gute Dränage ist besonders in Gegenden mit hohem Niederschlag sehr wichtig. Wenn nasse Erde unter den Pflastersteinen friert, hebt sie sich und verschiebt dabei das Pflaster.

Um die Wasserdurchlässigkeit zu testen, graben Sie ein 60 bis 90 cm tiefes Loch und füllen es mit Wasser. Ist das Wasser nach einigen Stunden noch nicht versickert, entwässert der Boden schlecht.

Ablaufrinne aus Kieselsteinpflaster

Diese hübsche Ablaufrinne aus Kieselsteinen verläuft über die Mitte eines gepflasterten und überdachten Autostellplatzes. Der Carport hat keine Regenrinnen und die Traufe vom Dach wird von der Ablaufrinne aufgenommen und abgeleitet.

Zunächst wurde ein Graben ausgehoben, der unterhalb der Traufe des Carport-Daches verläuft. Darin wurde ein Dränagerohr verlegt, das mit Kies abgedeckt wurde. Abschließend wurde mit kleinen, hochkant gesetzten Steinen gepflastert, die das Wasser gut nach unten weiterleiten.

Wenn der Untergrund aus schwerem Ton besteht und die Fläche ein korrektes Gefälle hat, sollte eine schlechte Dränage kein Problem sein. Das Wasser läuft dann auf dem Ton im Kiesbett seitlich ab. Wenn der Boden unter der Pflasterung aber gut Wasser aufnehmen kann und sich darunter eine sehr kompakte Schicht befindet, saugt sich der obere Teil voll, während der Boden darunter die Entwässerung verhindert. Als eine Gegenmaßnahme können Sie ein 5 cm starke Tonschicht auf dem Boden feststampfen. Diese kompakte Schicht wird das Wasser, das durch das Kiesbett sickert, seitlich ableiten.

Es gibt ein weiteres typisches Entwässerungsproblem. Wenn das Wasser am unteren Ende der Pflasterung nicht in die Erde versickern oder seitlich ablaufen kann, wird es sich dort ansammeln. Am besten lösen Sie das Problem, indem Sie einen mit Kies gefüllten Graben anlegen, der das Wasser von der Pflasterung aufnimmt und es abführt. Man kann auch zusätzlich Dränagerohre darin verlegen. Das sind Plastikrohre, die unterseits geschlossen und oberseits perforiert sind. Sie haben einen Durchmesser von 10 oder 15 cm. Es gibt sie in Baumärkten als zusammensteckbare Stücke oder auf großen Rollen.

Die Lage eines Entwässerungssystems hängt von den Gegebenheiten Ihres Pflasterprojekts ab. Lassen Sie sich eventuell von einem Landschaftsarchitekten beraten. Im allgemeinen sollte der Graben das Wasser dort aufnehmen, wo es von der Pflasterung fließt, und es mit Gefälle abführen. Untersuchen Sie das Gelände sorgfältig, um zu wissen, wohin das Wasser fließt.

Zum Verlegen von Dränagerohr heben Sie zunächst einen 30 cm tiefen Graben aus, der auf 1 m ein Gefälle von 2 cm hat. Legen Sie den Graben so, daß er das abfließende Wasser aufnimmt und es genügend weit entfernt entläßt. Um zu vermeiden, daß sich im Rohr Erde ablagert, wird es mit Geovlies eingehüllt. Das Vlies wird mit Draht oder Schnur festgebunden. Legen Sie das umwickelte Rohr mit der Perforation nach oben in den Graben. Füllen Sie dann den Graben mit Kies auf. (Beachten Sie, daß der Graben mit 2 cm pro Meter eventuell ein größeres Gefälle hat als die Pflasterung.)

Pflege einer Pflasterung

Selbst wenn Sie sorgfältig jeglichen Rasen von der Fläche entfernt und den Boden mit Geovlies abgedeckt haben, werden sich unerwünschte Pflanzen auf dem Pflaster breitmachen. Samen werden herbeigeweht und keimen in den Fugen. Wenn Sie wie ich auf Herbizide verzichten wollen, müssen Sie wachsam sein und die Unkräuter herausziehen, solange sie noch klein sind. Wenn Sie den legeren Look von Pflanzen zwischen dem Pflaster mögen, gibt es einige attraktive kriechende Sorten, die helfen, das Unkraut zurückzudrängen. (Details siehe Kapitel V.)

dem Verteilen des Kieses setzen oder, wenn die genaue Lage der Randsteine nicht so wichtig für Sie ist, erst kurz vor den letzten Pflastersteinen.

Noch ein paar Tips zu den Randsteinen:

- Wenn das Gelände unmittelbar hinter dem Rand steil abfällt, ist eine niedrige Stützmauer ein idealer Abschluß. Bauen Sie die Mauer so, daß die Platten am Rand gleichzeitig die Decksteine der Mauer sind.
- Große Quader sind gute Randsteine. Versenken Sie die Steine am Rand der Pflasterung in der Erde und decken Sie sie mit den äußeren Platten ab. Oder nehmen Sie genügend hohe Randsteine, die über die Pflasterung emporragen und den Rand betonen. Eventuell müssen Sie die vertikalen Lücken zwischen den Randsteinen mit kleinen Steinen ausfüllen, damit dort kein Kies austritt.
- Holzbalken sind eine optisch reizvolle Begrenzung für einen Platz mit geraden Rändern. Sie sollten auf ein 5 cm starkes Kiesbett gelegt werden, so daß ihre Oberseite gerade das Umgebungsniveau überragt. Die Pflastersteine sollten bis zur Innenkante reichen. Fangen Sie mit dem Ausheben eines Grabens um den Platz herum an. Er muß tief genug für Kies und Balken werden. Bohren Sie 13 mm große Löcher im Abstand von 60 bis 90 cm in die Balken. Verteilen Sie den Kies im Graben, und legen Sie die gebohrten Balken

Gebrochene Steine wurden hier im freien Muster auf zwei Ebenen verlegt.

Randsteine bei Gefälle

Wenn Sie am unteren Rand der Pflasterung keine Randsteine setzen, wird der Kies in Richtung des Gefälles wandern. Sie können die Randsteine vor

darauf. Schlagen Sie 1/2 Zoll starke, 60 cm lange Stücke Armiereisen durch die Löcher in den Boden. Lassen Sie entweder die Enden der Stäbe bündig mit dem Holz, oder versenken Sie sie und verschließen die Löcher mit einem hölzernen Stöpsel.

Randsteine bei gefällelosen Flächen

Bei einem freistehenden, nahezu waagrechten Gelände wird der Kies nicht wegwandern. Ein Rand bildet aber eine optische Begrenzung des Platzes. Wenn die Umrandung nicht zu viele Fugen hat, hält sie auch Unkräuter ab, die von der Umgebung auf die gepflasterte Fläche wachsen wollen.

Geeignete Materialien für einen ebenen Platz sind unter anderem Balken, 10 cm hohe und 6 mm starke Stahlbänder, hochkantgesetzte, 5 cm dicke und 20 cm hohe Steinplatten und Ziegel. Damit Randsteine nicht dem Rasenmäher oder den Füßen in die Quere kommt, sollten sie nicht oder nur wenig herausragen.

Verteilen des Kieses

Nachdem Sie das Gefälle angelegt und die Randsteine gesetzt haben, bringen Sie eine 5 bis 10 cm starke Kiesschicht auf. (Sie können die Randsteine auch später setzen.) Man kann das Gelände mit Geovlies abdecken und darauf den Kies verteilen. Das Vlies hindert das Gras daran, von unten durch das Pflaster zu brechen.

Wenn die Steine stärker als 8 cm sind, wird das Kiesbett 5 cm tief. Sind die Steine flacher, sollte das Kiesbett 10 cm tief werden. Der Kies hilft bei der Arbeit, den Platz optisch abzugrenzen. Außerdem verhindert er ein Schlammbad, wenn es regnet, bevor Sie fertig sind.

Im Kies kann das Wasser gut ablaufen. Er erleichtert aber auch die Aufgabe, die Neigung der einzelnen Steine anzupassen. Auch wenn Sie in einem Gebiet mit wenig Niederschlag leben, wo Feuchtigkeit kein Problem ist, ist das korrekte Setzen von Steinen in Kies leichter als in Erde.

Wenn Sie Betonplatten, Ziegel, Kiesel, Holzpflaster oder Steinplatten mit Pflastersteinen kombinieren wollen, finden Sie auf den Seiten 93–95 Hinweise, wie das Kiesbett anzupassen ist.

Am Rande eines Hofes mit Feldsteinpflasterung wurde eine einzelne Steinstufe mit Flußsteinen umgeben.

Verlegen der ersten Steine

Fangen Sie mit dem Verlegen an einer Seite der Hausmauer an. Wenn die Pflasterung in eine Mauerecke geht, beginnen Sie in dieser Ecke: Es ist einfacher, einen 90°-Eckstein von beliebiger Größe zu finden. Wenn Sie die umgebenden Steine schon gesetzt hätten, müßten Sie einen Stein finden, der genau in die Ecke paßt. (Sie brauchen nicht überpenibel zu sein, aber Ecken sind besonders auffällig. Eine hübsche Ecke trägt sehr zum Gesamteindruck bei.)

Legen Sie eine Reihe Steine entlang der Grundmauer. Lassen Sie gut 2 cm Platz zwischen den Steinen. Die Steine müssen nicht unbedingt an die Mauer anstoßen. Sie können alle Lücken noch mit Kies, Splitt oder kleinen Steinen füllen.

Beim Setzen der ersten Steine werden Sie womöglich Kies hinzufügen oder entfernen müssen, um die Höhe anzupassen. Denken Sie daran, daß die Steinoberseiten mindestens 15 cm unter der Hausverkleidung liegen müssen. Achten Sie auch darauf, daß die Steine zwar von der Mauer weg abfallen, daß sie aber parallel zur Wand in Waage sein müssen. Überprüfen Sie jeden gesetzten Stein mit einer Wasserwaage. Da Feldsteine meist keine glatte Oberfläche haben, müssen Sie die Wasserwaage halten, um Löcher und Hügel auszugleichen.

Wenn Sie mit der ersten Reihe fertig sind, legen Sie eine 2 bis 3 m lange Richtlatte aus Holz oder Aluminium hochkant auf die Reihe und parallel zur Mauer. Knien Sie nieder und überprüfen Sie, ob die Unterseite der Latte die Steine so gleichmäßig wie möglich berührt. Insbesondere an den Fugen sollten die Steine die gleiche Höhe haben. Wenn die Steine nicht in einer Ebene liegen, muß nachgearbeitet werden. Ist ein Stein zu tief, heben Sie ihn mit der Brechstange vorsichtig an und geben Kies hinzu. Ist er zu hoch, entfernen Sie unter ihm Kies. (Manchmal reicht es auch, die zu hohe Seite einfach festzustampfen.)

Fahren Sie fort, bis Sie zwei oder drei Reihen fertig haben. Ist eine Reihe vollendet, wird sie mit der Richtlatte überprüft. Denken Sie daran, auch das Gefälle mit der Wasserwaage zu kontrollieren.

Fugen auffüllen

Nachdem Sie die ersten Reihen verlegt haben, füllen Sie die Fugen mit Kies. Verdichten Sie den Kies, indem Sie mit einer Metallstange hineinstochern. Der Kies sollte gleichmäßig unter den Steinen verteilt sein. Um zu testen, ob alle Hohlräume unter und neben einem Stein gefüllt sind, stellen Sie sich auf ihn drauf. Verlagern Sie ihr Gewicht, beschreiben Sie mit Ihrem Oberkörper einen kompletten Kreis. Wenn der Stein wackelt, müssen Sie mit der Stange den Kies besser verteilen, bis der Stein fest sitzt. Beseitigen Sie zum Schluß überschüssigen Kies.

Die Steinoberflächen werden regelmäßig mit Richtlatte und Wasserwaage kontrolliert und bei Bedarf korrigiert. Wenn Sie bei der Arbeit an eine Stelle kommen, die bepflanzt besonders gut aussehen würde, entfernen Sie dort den Kies bis zur Erde. (Hinweise zur Auswahl und zum Setzen der Pflanzen finden sich in Kapitel V.)

Setzen der restlichen Steine

Schauen Sie sich die Fotografien auf den zwei nächsten Seiten an, bevor Sie die restlichen Steine setzen. Sie finden dort einige nützliche Informationen. Manche der gezeigten Steine wiegen um die 90 kg. Sie wurden bei mehreren Besuchen in Natursteinhandlungen einzeln ausgesucht. Für Ihr erstes Projekt werden Sie vermutlich kleinere Steine auswählen wollen. Nachdem die Steine vor dem Haus abgeladen wurden, mußten sie per Hand über einen schmalen Weg zu dem Innenhof transportiert werden. Quadratischere oder rundere Steine konnten zum Teil auf die Kante gestellt und nach hinten gewälzt werden. Die anderen mußten zu zweit getragen oder mit einer Schubkarre gefahren werden.

Nach ein paar Reihen werden die Steine gesetzt, die an die Randsteine angrenzen. Dabei können Steine mit weniger perfekten Oberflächen wie etwa mit abgeschrägten Kanten genommen werden. (Ist die Pflasterung freistehend und ohne Randsteine, kann man Steine mit abgeschrägten Kanten nach außen anstelle der Randsteine verlegen.)

Legen Sie eine lange Richtlatte mit einer Seite auf die Steine am äußeren Rand und mit der anderen auf die verlegten Reihen am Haus. Kontrollieren Sie damit, ob die äußeren Steine die richtige Höhe für das Gefälle haben. Korrigieren Sie, wenn nötig. Fahren Sie mit dem Verlegen fort, arbeiten Sie von den zuerst gesetzten Reihen nach außen.

Falls noch nicht geschehen, setzen Sie jetzt die Randsteine und dann die restlichen Steine. Danach legen Sie sich am äußeren Rand hin und schauen dicht über den Boden, um Senken und Hügel aufzuspüren. Kontrollieren Sie auch noch ein letztes Mal mit Wasserwaage und Richtlatte. Stopfen Sie die verbleibenden Fugen gut mit Kies. Denken Sie daran, daß der Kies nicht über die Steinoberfläche ragen darf. Kehren Sie verstreuten Kies in die Fugen zurück und spritzen Sie die Fläche mit Wasser ab.

Laden Sie Freunde ein, um das fertige Projekt zu feiern.

Füllen der Fugen mit anderen Materialien

Wenn Sie groben Kies nicht so ansprechend finden, füllen Sie die Fugen nicht vollständig damit auf. Die Fugen sollten etwa 5 cm tief frei sein. Nachdem Sie alle Steine verlegt haben, füllen Sie die Fugen mit feinem Kies, grobem Sand oder Brechsand. Feiner Kies wird wie grober Kies mit einer Metallstange verdichtet. Bei Sand oder Brechsand wird statt dessen ausgiebig gewässert. Nachdem das Material zum Teil in das Kiesbett geschwemmt wurde, müssen Sie weiteres hinzugeben und erneut wässern. Die Fugen sollten gut 1 cm tief frei bleiben.

Wenn Sie mit einer Kombination aus Steinen und dünneren Materialien wie Ziegeln, Betonplatten und Kunststeinen arbeiten, sollten Sie feineres Material für die Fugen vorziehen.

Pflasterungen

Mit einer langen Wasserwaage kann das Gefälle von Stein zu Stein und der Höhenunterschied zwischen zwei Steinen überprüft werden.

Um Steine näher zusammenzubringen, wird dazwischen z. B. mit der flachen Seite eines Maurerhammers etwas Kies entfernt.

Um eine große Platte zu bewegen, schieben Sie eine Brechstange unter die Kante und hebeln dann den Stein zur gewünschten Seite.

Eine Brechstange hilft auch beim exakten Positionieren.

Mit dem Schlosserhammer werden störende Ecken abgeschlagen.

Achten Sie darauf, daß jeder Stein gut paßt.

Behauen Sie den Stein, wenn nötig.

Das Pflaster sieht um so schöner aus, je kleiner die Fugen sind.

Die Höhe von flachen Steinen wird mit Kies angeglichen.

Bevor Sie einen großen, schweren Stein setzen, vergleichen Sie dessen Stärke mit der Stärke der ihn später umgebenden Steine.

Beim Anpassen der Höhe großer Steine ist die flache Seite der Breithacke ein hilfreicher Hebel.

Um sie flacher zu machen, lassen sich manche Steine spalten.

Bei sehr dicken Steinen müssen Sie etwas Kies entfernen.

Füllen Sie mit einer Schaufel Kies in die Fugen.

Verdichten Sie zunächst mit der flachen Seite eines Maurerhammers.

Stopfen Sie den Kies sorgfältig mit einer Stange.

Mit dem Handfeger wird der Kies in die Fugen gekehrt.

Patio aus Steinplatten

Steinplatten lassen sich ähnlich wie Feldsteine verlegen. Sie haben aber den großen Vorteil, daß man einfacher ähnlich starke Platten findet. Sie lassen sich dazu relativ leicht durch Schneiden und Behauen in eine bestimmte Form bringen. Entfernen Sie zunächst den Bewuchs, und legen Sie wie bei jeder Pflasterung ein Gefälle an.

Setzen der Randsteine

Für die Wahl des Materials der Einfassung finden Sie Hilfe auf den Seiten 86 und 87. Setzen Sie die Randsteine, nachdem Sie auf der Fläche ein Gefälle angelegt haben.

Die Einfassung definiert den Rand und dämmt den Kies ein.

Gruppen kleinerer Steine sowie verschiedene Farben und Texturen geben dem Patio aus Steinplatten seinen besonderen Charme. Die Außenbeleuchtung am Rand hilft, in der Dunkelheit sicheren Schrittes den Weg zu finden. Die Setzlinge entlang der Holzbalken werden einst das Beet ausfüllen.

Verteilen des Kieses

Verteilen Sie eine 5 cm starke Schicht Kies auf die offene Erde, um einen schlammfreien Arbeitsplatz zu erhalten. Als nächsten Schritt habe ich bei diesem Projekt die meisten Platten gegen eine Stützmauer gelehnt. So konnte ich schneller passende Platten finden.

Verlegen der Platten

Wie bei jedem Pflasterprojekt, das an bestehende Bauwerke angrenzt, sollte am Bauwerk begonnen werden. Wird ein Ende Ihres Platzes von drei Seiten umschlossen, so fangen Sie an diesem Ende an und setzen den ersten Stein in eine Ecke. Reihen Sie zwei oder drei weitere Steine auf dem Kies an den Eckstein. Die Kanten sollten optimal zusammenpassen, die Höhe wird durch den Kies angeglichen.

Probieren Sie mit wenigen Platten die optimale Lage aus.

Wenn vorhanden, fangen Sie mit einer Innenecke an.

Arbeiten Sie nun Stein für Stein. Kippen Sie einen Stein zur Seite und verteilen Sie mit einer Kelle auf dem Kies eine 4 cm starke Schicht Brechsand oder groben Sand. Legen Sie den Stein wieder hin und ändern Sie bei Bedarf die Schichtdicke, um die Höhe anzupassen. Um Brechsand oder Sand am Eindringen in die Kiesschicht zu hindern, kann man eine 5 cm starke, gestampfte Schicht aus feinem Splitt aufbringen. Wenn Sie das vorhaben, muß der Kies gut gestampft werden, bevor der Splitt aufgebracht wird.

Wichtig ist beim Verlegen, die größeren Platten so dicht wie möglich zusammenzufügen. Dabei werden Sie gelegentlich größere und kleinere Teile der Platten abschlagen müssen. (Kapitel III gibt Hinweise zum Behauen von Platten.)

Es ist einfacher, in Teilstücken zu pflastern. Legen Sie auf einer gut 2 m² großen Fläche Platten aus. Wenn nötig, bearbeiten Sie deren Ränder. Dann wird Platte um Platte aufgerichtet und darunter Sand oder Brechsand verteilt. Legen

AUSSENBELEUCHTUNG

Sie werden den Innenhof vermutlich auch nach Einbruch der Dunkelheit nutzen wollen. Ziehen Sie eine Außenbeleuchtung insbesondere dort in Erwägung, wo man im Dunkeln stolpern könnte. Leuchten in Bodennähe sind angenehmer als unterm Dach befestigte, blendende Fluter. Sie sind auch für Fledermäuse, Nachtfalter und Nachtblüher weniger störend.

Bausätze für Niedervolt-Außenbeleuchtungen sind leicht selbst zu installieren. (Wenn Sie keine Niedervoltversorgung für draußen haben, fragen Sie einen Elektriker.)

Die Lichtanlage auf dem Foto von Seite 92 war einfach aufzubauen und ist praktisch wartungsfrei.

Verlegen Sie das Kabel vor dem Kies. Legen Sie es auf die Erde entlang des Außenrandes oder unter die zu pflasternde Fläche. Nachdem ich auf der Fläche ein Gefälle angelegt hatte, legte ich das Kabel vom Haus aus quer über den Platz und in ein 20 cm breites Beet zwischen der hölzernen Stützmauer und der Pflasterung. Ich bedeckte dann das kurze Kabelstück quer über dem Platz mit Kies.

Nachdem ich meine Arbeit abgeschlossen hatte, montierte der Besitzer entlang der Stützmauer die Leuchten an dem freiliegenden Kabel und bedeckte anschließend das Kabel mit Erde.

Kleine Steine sind sehr nützlich, um Lücken zwischen größeren zu füllen.

Sie sie wieder zurück. Achten Sie auf gleiche Höhen.

Beim Verlegen bleiben kleine Flächen offen. Füllen Sie diese mit kleinen Steinen. Da jedoch kleine Steinplatten leicht verrutschen, müssen Sie dickere Feldsteine oder gebrochene Steine mit 10 bis 15 cm Dicke nehmen. Sie können statt dessen auch dünne Steine mit geraden Kanten senkrecht setzen. Die kleineren Zwischenräume sind ideal für farbige oder besonders geformte Steine.

Bei jedem Stein überprüfen Sie mit der Wasserwaage, ob das Gefälle stimmt und ob er senkrecht dazu in der Waage ist. Legen Sie eine gerade Richtlatte hochkant über einige Platten, um Unebenheiten zu finden. Legen Sie die Wasserwaage auf das Holz oder direkt auf mehrere Platten, um das Gefälle über mehrere Steine zu kontrollieren.

Nachdem ein Stein gesetzt wurde, wird Höhe und Gefälle bezüglich der anderen Steine überprüft.

Verdichten und Füllen der Fugen

Wurden einige Platten verlegt, stellen Sie sich auf sie drauf und verdichten mit einer Stange den Kiesuntergrund. (Wenn Sie eine Zwischenschicht Splitt verwenden, überspringen Sie diesen Schritt.) Als nächstes füllen Sie die Fugen mit grobem Sand oder Brechsand. Kies wäre zu grob und würde die dünnen Platten nur ungenügend stabilisieren.

Schwemmen Sie das Material in die Fugen ein. Geben Sie weiteren Sand oder Brechsand hinzu, wässern Sie und wiederholen Sie den Schritt, bis die Fugen bis gut 1 cm unter die Plattenoberkanten gefüllt sind. Sind die Platten getrocknet, kehren Sie restlichen Sand oder Steingrus in die Fugen.

Der Brechsand in den Fugen paßt gut zu den Farben der Steine. Mit der Richtlatte wird die Ebenheit der Pflasterung kontrolliert.

Einfache Steinwege

Der einfachste Steinweg besteht aus direkt in die Erde gesetzten Steinen. Sie benötigen kein aufwendiges Werkzeug, nur eine Schaufel mit rechteckigem Blatt, eine Breithacke, einen Maurerhammer und eine Schubkarre. Voraussetzung ist ein fester, gut entwässernder Boden. In Lehm oder nassen Boden gesetzte Steine würden versinken. Ist Ihr Boden sehr weich, setzen Sie entweder jeden Stein in ein eigenes Kiesbett oder bauen den Weg wie im auf Seite 100 vorgestellten Projekt.

Für einen einfachen Steinweg markieren Sie zunächst mit Schlauch, ausgestreutem Mehl oder mit Schnur und Stöcken die Fläche. Ein bequemer Weg ist etwa 90 cm breit. Sie brauchen die Fläche nicht auszuheben, Sie müssen nur die Rasensoden entfernen. Fangen Sie mit ein paar Steinen an. Legen Sie sie so, wie es Ihnen gefällt. Die Fugenbreite ist

Wenn der Boden fest und schnelldränend ist, kann man die Feldsteine einfach in die Erde setzen.

Das leichte Gefälle der Pflasterung leitet das Wasser vom Haus weg.

nicht kritisch, vermeiden Sie aber Löcher, über die man stolpern könnte. Engere Fugen lassen Unkräutern weniger Raum.

Um größere Lücken zu vermeiden, werden Sie gelegentlich spitze Ecken abschlagen müssen. Lücken, die sich nicht vermeiden lassen, werden mit kleinen Steinen gefüllt. Wählen Sie welche, die tief genug in die Erde reichen, damit sie sicher und fest sitzen.

Sind Sie mit der Lage der Steine zufrieden, kippen Sie die Steine zur Seite, um an die Erde zu gelangen. Mit Breithacke oder Spaten wird das Loch grob ausgehoben. Arbeiten Sie mit dem spitzen Ende eines Maurerhammers nach. Die Steinoberfläche sollte etwas über Umgebungsniveau liegen, da die Steine sich noch setzen werden. (Ist der Boden nicht fest genug, verteilen Sie in jedem Loch Kies.)

Legen Sie den Stein probehalber in das Loch. Wenn die Höhe nicht stimmt, muß entsprechend Erde entfernt oder hinzugefügt werden. Stampfen Sie zugefügte Erde gut fest. (Ein Gummihammer tut da gute Dienste.) Überprüfen Sie mit einer Wasserwaage, ob die Oberfläche gerade ist. Sitzt der Stein richtig, werden die Fugen mit Erde gefüllt.

Mit dem Gummihammer oder dem Stiel eines Hammers wird die Erde um die Kanten herum festgestampft und so der Stein stabilisiert. Arbeiten Sie auf diese Weise weiter, bis der Weg fertig ist.

Da bei einfachen Wegen die Randsteine meist weggelassen werden, kann die umgebende Vegetation den Weg leicht überwuchern. Jäten Sie die Pflanzen, solange sie klein sind, oder setzen Sie in die Fugen geeignete Gartenpflanzen.

Trittsteine

Beete werden durch einfache Steinpfade zugänglicher.

Große Steine lassen sich direkt in trockenen, festen Boden setzen (siehe auch »Einfache Steinwege«). Arrangieren Sie die Steine, wie Sie wollen. Achten Sie aber darauf, daß man sicher und bequem von Stein zu Stein kommt. Sitzen die Steine, werden sie fest mit Erde umgeben.

Die Trittsteine auf dem Foto gegenüber unten wurden wegen eines Tonbodens in Splitt gesetzt. Dafür wurde ein Streifen ausgehoben, der ein wenig breiter ist als der größte Stein. Der Streifen wurde 5 cm tief mit Splitt gefüllt. Setzen Sie die Steine. Füllen Sie die Zwischenräume mit Splitt und stampfen Sie ihn gut fest.

Auf schlecht entwässernden Böden sollte ein Streifen ausgehoben und ein Kiesbett geschüttet werden. Darin werden die Steine gesetzt. Füllen Sie mit Kies oder Steingrus auf.

In einem Waldgrundstück führen diese Trittsteine über einen Bach.

Das Bett aus Steingrus stabilisiert die einzelnen Steine. Das Stahlband ist die Begrenzung zu einem breiteren Fußweg.

Gehwege aus Steinen

Diese Konstruktion läßt sich in vielen Situationen verwenden. Die attraktiven Holzbalken akzentuieren den Rand und hindern den Rasen daran, die Fugen zwischen den Bruchsteinen zu erobern.

Die Technik in diesem Projekt unterscheidet sich nicht sehr von den vorangegangenen. Die folgenden Arbeitsschritte lassen sich auch auf andere Pflaster- und Randmaterialien übertragen. Für dünneres Pflastermaterial muß jedoch ein feineres Bettungsmaterial – zum Beispiel grober Sand – genommen werden.

Der Weg auf dem Foto liegt auf gut entwässerndem Boden. Deshalb brauchte er kein Gefälle. Haben Sie schlecht dränenden Boden, lesen Sie im Abschnitt »Dränage« auf Seite 102, wie man die Fläche vorbereitet.

Anstelle eines zerfallenen Betonwegs legte mein Freund Sammy Cox diesen einladenden Weg vor seiner Haustür an.

Wahl des Randmaterials

Quadratische Balken mit der Kantenlänge von 10, 15 oder 20 cm sind als Wegbegrenzung am gebräuchlichsten. Verwendet werden aber auch Querschnitte von 10 x 15 cm oder 15 x 20 cm. Stärkere Balken halten länger als schwächere. Am haltbarsten ist kesseldruckimprägniertes Holz. Wollen Sie unbehandeltes Holz, sollten Sie Hartholz wählen. Es ist sehr langlebig, besonders, wenn es im Kiesbett liegt. Und mit der Zeit erhält es einen wunderschönen natürlichen Farbton. Leider sind Hartholzbalken manchmal schwer zu bekommen. Fragen Sie bei Sägewerken und Holzhandlungen nach.

Mit Balken lassen sich keine Rundungen legen. Für eine Biegung müssen Sie die Balkenenden mit Ketten- oder Kreissäge im Winkel absägen. Ein rustikaleres Aussehen erzielt man mit Hartholzpflöcken oder hochkantgesetzten, flachen Steinen.

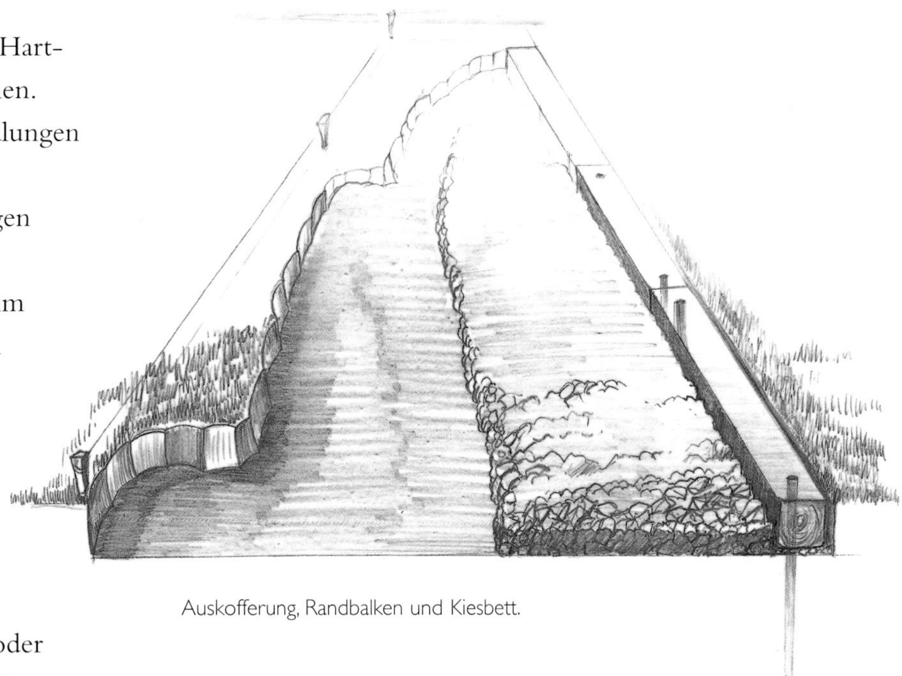

Auskofferung, Randbalken und Kiesbett.

Vorbereitung der Fläche

Auf gut dränenden Böden brauchen Wege kein Gefälle. Falls sie aber eines aufweisen, sollte es nicht zu einem Haus oder anderen Bauwerken führen. Machen Sie einen Entwurf auf Papier. Nehmen Sie Schnur und Stöcke und stecken Sie den Weg ab.

Bevor Sie anfangen, schauen Sie sich die nebenstehende Skizze an. Man sieht zwei Baustufen des Weges: links das Ausheben und rechts das Setzen der Balken und das Auffüllen mit Kies.

Verlegen Sie die Balken entlang der Innenseiten der Schnüre. Für eine Wegbiegung sägen Sie die Enden im Winkel ab. Wenn Sie mit der Position der Balken zufrieden sind, legen Sie sie zur Seite. Entfernen Sie Soden und Vegetation zwischen den Schnüren.

Für Balken und Steine werden Sie auf zwei unterschiedliche Tiefen ausheben müssen. Unter dem Pflaster muß die Tiefe für ein 10 cm starkes Kiesbett und für die Steinstärke ausreichen. Die Balken kommen jedoch in ein nur 5 cm tiefes Kiesbett, die Balkenoberseite sollte ein wenig über Umgebungsniveau liegen.

Für die Aushubtiefe unter den Steinen schätzen Sie die mittlere Stärke Ihrer Steine ab und addieren 10 cm hinzu. Für den Teil unter den Balken rechnen Sie die Balkenstärke plus 5 cm. Meist wird die Aushubtiefe unter den Hölzern geringer sein als unter den Steinen.

Als nächstes heben Sie die Fläche aus. Feuchte, weiche Stellen im Boden werden gut mit Kies oder kleinen Bruchsteinen abgedeckt.

Bringen Sie den Kies aus. Überprüfen Sie, ob er in der Mitte 10 cm und am Rand 5 cm tief ist.

Setzen der Hölzer

In jeden Balken werden im Abstand von 60 bis 90 cm 13 mm große Löcher gebohrt. Setzen Sie zwei Balken einander gegenüber, entlang der Schnurinnenseiten. Passen Sie das Kiesbett an, bis die Oberseiten der Balken etwas höher sind als die Umgebung. Legen Sie eine lange Wasserwaage quer auf beide Balken, um zu kontrollieren, ob sie in einer Ebene liegen. Ist die Wasserwaage zu kurz, legen Sie eine Richtlatte auf die Balken und darauf die Wasserwaage. Wiederholen Sie diese Schritte für alle Balken.

Verankern Sie die Balken, indem Sie 60 cm lange $^{1}/_{2}$ Zoll starke Armierstäbe in die Löcher einschlagen. Die Enden der Stäbe sollten bündig mit den Löchern abschließen oder versenkt werden, wenn Sie die Löcher mit Holzstöpseln verschließen wollen.

sections of rebar

rebar sections

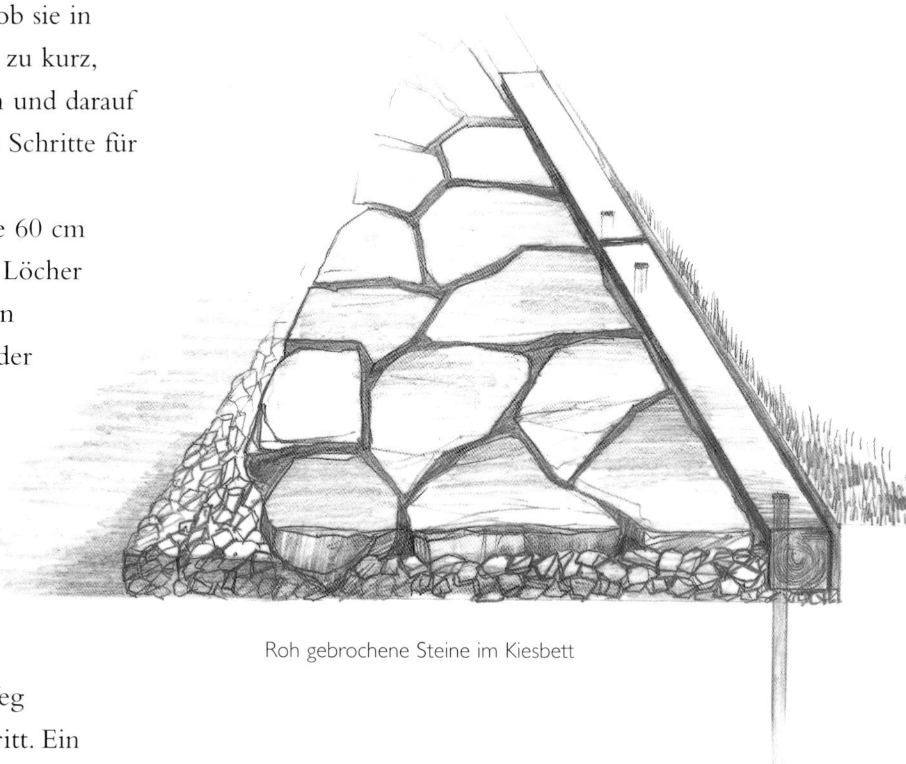

Roh gebrochene Steine im Kiesbett

Dränage

In schlecht entwässernden Böden ist es sinnvoll, die Erde unter dem Pflaster mit Gefälle anzulegen, so daß das Wasser im Kies den Weg entlangläuft und am unteren Ende austritt. Ein Dränagerohr längs der Mitte der Auskofferung hilft ebenfalls. Lassen Sie die Erde von den Rändern zur Mitte hin abfallen. So wird das Wasser dem Rohr besser zugeführt. Wickeln Sie das Rohr in Geovlies, legen Sie es in den Graben und bedecken Sie es mit Kies.

Bei sehr weicher Erde wird auf dem Boden der Auskofferung eine 5 cm tiefe Schicht Ton ausgebreitet und verdichtet. So kann das Wasser auf dem Ton in Richtung Gefälle ablaufen.

Wenn der Boden schlecht entwässert, aber auch kein Gefälle angelegt werden kann, wird der Weg erhöht gebaut. Verwenden Sie 15 bis 20 cm starke Hölzer. Legen Sie sie in 5 cm Kies entlang der Schnurinnenseiten. Für die Steine bringen Sie zwischen die Balken ein 5 bis 10 cm starkes Kiesbett auf dem vom Soden befreiten Boden aus.

Erhöhte Wege sehen etwas massiv aus. Pflanzen Sie dichte Bodendecker und Stauden entlang der Ränder, um die Wirkung abzumildern.

Verlegen der Steine

Bevor Sie die Steine verlegen, schauen Sie sich die Skizze oben an und gehen Sie noch mal die Hinweise im Abschnitt »Weg und Hof aus Feldsteinen« auf den Seiten 80 bis 91 durch. Das Verlegen von Bruchsteinen verläuft auf ganz ähnliche Weise. Wenn Sie dünnere Materialien wählen wie Steinplatten oder Klinker, muß 5 cm grober Sand oder feiner Splitt aufgebracht werden. Ein Kiesbett gibt zwar dickeren Steinen genügend Halt, flachere Steine brauchen aber zur Stabilisierung eine Schicht feineren Materials.

Fangen Sie am einen Ende des Wegs an. Wählen Sie Steine aus, setzen Sie sie in den Kies, und sorgen Sie dafür, daß ihre Oberseiten in einer Ebene mit denen der Balken liegen. Lassen Sie etwa 2,5 cm breite Fugen.

Nachdem die Steine verlegt sind, nehmen Sie Kies (oder bei flacheren Steinen groben Sand oder Splitt) und gleichen die Höhen an. Ein Nageleisen oder Brechstangen sind ideal, um die Steine anzuheben. Wenn ein Stein auf einer Seite ein wenig zu hoch ist, können Sie dort etwas Kies entfernen oder versuchen, ihn dort anzustampfen.

Nehmen Sie die Eisenstange, um den Kies wie gewohnt zu verdichten und die Steine zu stabilisieren. Geben Sie Kies oder feineres Material zu, um Löcher zu füllen. Mit Kies, Brechsand oder Sand werden die Fugen verfüllt.

VERLEGETECHNIK

Experimentieren Sie mit der Anordnung der Steine. Anstatt Abschnitt um Abschnitt zu pflastern, setzen Sie zum Beispiel auf dem Weg verteilt Gruppen von zwei, drei großen zusammenpassenden Steinen.

Verbinden Sie dann die Gruppen mit mittleren und kleineren Steinen. (Bei einer schmalen Fläche wie einem Weg kann man von beiden Seiten arbeiten. Es ist deswegen leichter, die Steine probehalber auszulegen und dann zu setzen.)

Manche Pflasterer geben den Wegen ein Dachprofil. Die Wegränder sind dann niedriger als die Mitte. Die Steine wölben sich dabei in einem kaum wahrnehmbaren Bogen.

Bei einem schmalen Weg sollten Sie kleine Steine verwenden. Große Steine sind auf kleinen Flächen kaum mit Gefälle zu legen.

KAPITEL VII

STEINE UND WASSER

Seit Tausenden von Jahren haben die Menschen Möglichkeiten gefunden, Wasser zu speichern, zu transportieren und zu verwenden. Dieser wunderbare Stoff ist nicht nur lebensnotwendig, sondern auch von natürlicher Schönheit. In diesem Kapitel werden eine Mauernische mit Wasserhahn, das Aus- und Verkleiden von Wasserläufen und ein kleiner Wasserfall gezeigt. Die Projekte sollen Ihnen ermöglichen, den bezaubernden Anblick und das beruhigende Geräusch von Wasser in Ihrem Garten zu genießen.

Mauernische mit Wasserhahn

Diese Wasserstelle befindet sich an einem Waldweg auf der Winterberry Farm im Haywood County in North Carolina. Sie erleichtert das Wässern von Baumsetzlingen. Die Steine haben eine ebenso praktische wie ästhetische Funktion. Die Steinplatten bilden eine attraktive Steinnische und ermöglichen, unter dem Hahn einen Eimer abzustellen.

Als Material stand mir der Ausschuß von einem anderen Projekt zur Verfügung. Das und die sehr schattige, zugewachsene und abgeschiedene Stelle gaben den rustikalen Stil vor. Unter anderen Bedingungen und mit anderen Steinen hätte ich den Hanganschnitt mit einer Trockenmauer gestützt und die Ablageplatten an ihren Fuß gesetzt.

Vorbereitung

Zuerst müssen Sie eine Kunststoff-Wasserleitung von einem Anschluß zur gewünschten Stelle legen. (Wenn Sie das nicht selbst machen wollen, können Sie auch einen Klempner beauftragen.) Der Graben für die Leitung sollte je nach Frostgefahr in Ihrer Gegend 30 bis 120 cm tief werden.

Für die kalten Monate wird das Wasser abgedreht und die Leitung entleert.

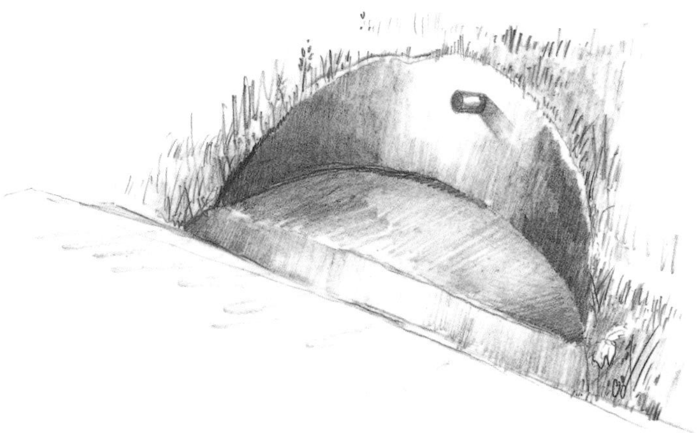

Bringen Sie das Ende des Rohrs an der Oberseite dieses Steins an und lassen es gut 10 cm überstehen.

Bauen Sie nun mit großen Steinen die Seiten. Arbeiten Sie dann von einer Seite der Nische zur anderen und stapeln in einem stufigen Bogen die Steine auf die aufrecht stehende Platte. Die Kanten dieser Steine sollen die stehende Platte stabilisieren. Schließen Sie einen Hahn an die Leitung an und befestigen Sie ihn mit einer Edelstahlschelle.

Nun graben Sie eine 1,2 m breite und 75 cm tiefe Nische in den Hang. Die Ablagefläche sollte praktischerweise etwa in 30 cm Höhe liegen.

Setzen der Steine

Verteilen Sie 5 cm hoch Kies auf dem Boden der Nische. Setzen Sie in den Kies zwei große, flache Steine. Sie sollten vorne etwa 10 cm überstehen. Stellen Sie dann eine sehr große, schwere Steinplatte auf die hinteren Ränder der beiden Steine und lehnen Sie sie leicht gegen die Erde.

Steinauskleidung eines Straßengrabens

Ein Abzugsgraben soll Regenwasser einer Fläche aufnehmen und es wegführen. Kreuzt ein Graben einen Weg, so wird das Wasser durch eine Röhre geführt, damit bei Regen der Weg nicht überflutet wird.

Das Projekt ist auf der gegenüberliegenden Seite skizziert. Es ist eine steinerne Einfassung, die das Wasser aus einem Straßengraben in eine Röhre lenkt, die es unter der Straße hindurchführt. Die Steine verhindern Erosion an den Grabenwänden und machen die Stelle ansprechender.

Wahl der Steine

Hochkant gesetzte, große, flache Steine eignen sich am besten, um das Wasser aus dem Graben in die Röhre zu lenken. Statt dessen können Sie auch Steine wie bei einer Mauer aufschichten. Für die Steinreihen am Boden sollten Sie große, blockförmige Steine nehmen, die nicht weggespült werden können.

Vorbereitungen

Erweitern Sie das Grabenende. Schaffen Sie für die Steine, die Sie benutzen wollen, genügend Platz. Die Erde sollte 5° bis 10° angeschrägt werden, damit die Steine später leicht angelehnt stehen. Hinter der Röhre muß genügend Platz sein, eine große Prallplatte aufzunehmen.

Setzen der Steine

Das fließende Wasser wird mit Wucht gegen das Grabenende prallen. Nehmen Sie eine große Platte, die das Ende abdeckt. Stellen Sie sie auf und lehnen Sie sie gegen die Erde. Die Frontseite sollte das freie Ende der Röhre berühren. Lücken zwischen Stein und Erde werden mit Erde oder Kies gestopft. Reicht der erste Stein nicht über die ganze Breite, wird die Lücke mit anderen Steinen

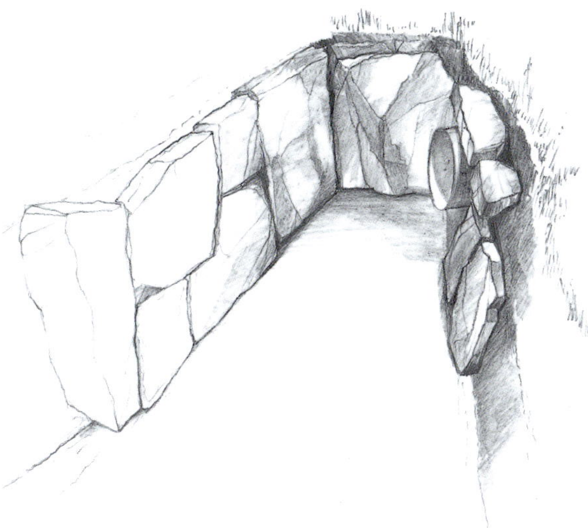

geschlossen. Setzen Sie weitere Steine entlang der Grabenwandung, um die Ecke herum und ein Stück den Graben aufwärts. Hinterfüllen Sie dabei mit Kies. Neben der Röhre wird die Erde mit hochkant gestellten oder aufgeschichteten Steinen gesichert. Abschließend werden Decksteine auf die gesetzten Steine gelegt.

Der Auslauf der Röhre wird durch eine flache Trockenmauer eingefaßt oder mit großen Bruchsteinen gesichert.

Instandhaltung

Mindestens einmal im Jahr sollten angespülte Blätter und Dreck aus der Einfassung der Röhre entfernt werden. Eine Auskleidung des Bodens mit Bruchsteinen bremst die Kraft des Wassers. Ich finde aber, daß glatte Böden viel leichter mit Rechen und Schaufel zu reinigen sind.

Verkleidung eines bestehenden Bachdurchlasses

Oft, wenn ein Bach unter einem Weg durchgeführt werden soll, wird lediglich eine schlichte Röhre gelegt. In diesem Projekt lernen Sie, wie die Öffnungen eines bestehenden Bachdurchlasses durch Trockenmauern verkleidet werden.

Die in der Fotografie abgebildete Röhre mit einem Durchmesser von 1,2 m leitet einen Bach unter meinem Zufahrtsweg durch. Das untere Ende der Röhre wird durch eine steinverkleidete Betonmauer gestützt, das obere durch eine Trockenmauer. Als ich das Grundstück bezog, war die Betonmauer im guten Zustand. Die Trockenmauer war jedoch in zwei Steinhaufen zur Linken und Rechten des Baches zusammengesunken, die Böschung zum Weg war abgerutscht. Der einfachste und praktischste Weg, den Fahrdamm zu stabilisieren, war, alle Steine zu entfernen und eine neue Mauer aufzuschichten.

Ein Hinweis für ähnliche Projekte vorweg: Wenn der Graben nicht trockengefallen ist, werden Sie beim Setzen der Einfassung der Röhre naß werden. Sie stehen bei der Arbeit mitten im Wasser. Hohe Gummistiefel sind ratsam. Auch ein paar Stege aus Brettern über dem Wasser können hilfreich sein.

Entfernen der Mauerreste

Ich legte die Arbeit in eine Zeit mit niedrigem Wasserstand. Zuerst entfernte ich alle Mauerreste auf der rechten Seite. Ein paar der größten Steine legte ich in den Bach, um das Wasser mehr auf die linke Seite zu lenken.

Ein Teil der alten Steine eignete sich für eine neue Trockenmauer. Unregelmäßig geformte Steine hob ich für die Hinterfüllung auf, in der sie zum Gewicht der Mauer betragen konnten. Als Ergänzung für die wiederverwerteten Steine suchte ich per Hand in einer Natursteinhandlung etwa eine halbe Tonne Steine zusammen.

Mauern der Flanken

Bei ergiebigem Regen schwillt der Bach im Frühjahr enorm an. Manchmal reicht das Wasser bis zu den Decksteinen der Mauer auf der rechten Seite vor der Hemlocktanne. Deswegen sollten die Mauern sich trichterförmig aufweiten, um das Wasser besser in die Röhre zu leiten. Da das Wasser dann auch sehr schnell fließt, mußten besonders große Steine verwendet werden.

Ich baute zuerst die Mauer auf der rechten Seite. Dazu verkeilte ich Steine zwischen der Außenseite der Röhre und der Böschung, um zu verhindern, daß das Wasser hinter der Röhre entlangfließt. Um den Untergrund für die erste Steinreihe zu ebnen, entfernte ich ein paar hervorschauende Steine aus dem Bachbett. Dann setzte ich aus den größten Steinen die erste Reihe direkt in den Bach.

Ich ließ jeweils den ersten Stein einer Reihe die Wandung der Röhre abdecken. Die Mauer baute ich stark gebogen, damit das Wasser eines kleineren Baches von rechts beim Einmünden in den größeren Bach nicht gegen Erde, sondern gegen Steine fließt.

Für die Hinterfüllung der Mauer nahm ich die ausgemusterten Steine der ehemaligen Mauer, Kalksplitt, der mir zur Verfügung stand, und kleine Steine, die ich aus dem Bach holte. Der Bach war außerdem ein guter Fundort für kleinere Steine, mit denen die Oberseite der Röhre verkleidet und die großen Steine unterfüttert wurden.

Während der Arbeit mußte ich die untersten Äste der Hemlocktanne entfernen, um genügend Platz zu haben. Ich achtete darauf, dem Baum ausreichend Erde und Raum für weiteres Wachstum zu lassen.

Nach Abschluß der Mauer vor dem Baum schnitt ich die Böschung dahinter an und stützte sie mit einer kleinen Mauer ab. Danach wandte ich mich der linken Bachseite zu.

Zuerst verrückte ich die Steine im Bach, die das Wasser umlenken sollten, so daß nun das Wasser mehr nach rechts geleitet wurde. Dann baute ich die neue Mauer. Für die unterste Reihe nahm ich wieder die größten Steine, die Hinterfüllung war die gleiche wie auf der anderen Seite.

Als letzter Schritt wurde in üblicher Weise ein Mauerabschluß zwischen Fahrweg und Röhrenoberseite errichtet.

Bau eines neuen Bachdurchlasses

Wenn Sie auf Ihrem Grundstück einen kleinen Bach haben, über den Sie einen Gehweg legen wollen, können Sie die Röhre selber verlegen. Folgen Sie dabei diesem Projekt. Wenn der Bach jedoch größer ist und Sie einen Fahrweg haben wollen, sollten Sie eine Firma mit der Arbeit beauftragen. Zum Legen der Röhre und zum Einbau von Kies benötigt man schweres Gerät. Bei kleinen Projekten brauchen Sie lediglich einen Kleinlaster mit Ladepritsche, um Röhre, Kies und Steine zu holen.

Geeignete Röhren haben einen zylindrischen Querschnitt und bestehen aus Beton oder verzinktem, dickem Stahlblech. Die Durchmesser reichen von 30 bis 300 cm. Für einen 1,8 m breiten Weg über einen kleinen Bach wird eine 3 m lange Röhre mit einem Durchmesser von 90 cm oder kleiner ausreichen. Fragen Sie Baustoffhändler nach geeigneten Röhren.

Die Röhre sollte in Teile zerschnitten sein, bevor Sie sie aufladen oder sich liefern lassen. Die meisten Anbieter haben einen Lieferservice. Wenn Sie den Aufpreis scheuen, können Sie kürzere Stücke auch selber mit einem Kleinlaster abholen. Die Teile können dann vor Ort mit Verbindungsstücken zusammengesetzt werden. Es gibt auch 45°- und 90°-Kniestücke.

Es ist nicht einfach, den benötigten Durchmesser abzuschätzen, da man nur schwer die maximale Durchflußmenge vorhersagen kann. Beobachten Sie den Bach nach kräftigen Regenfällen. Merken Sie sich Höhe und Breite des Bachbetts an dem Punkt, wo später die Röhre liegt. Die Röhre muß diese Wassermassen aufnehmen können.

Nehmen Sie die Röhre etwas größer, als Sie abgeschätzt haben. Man weiß nie, wann ein Jahrhunderthochwasser kommt. Ist der Bach klein und Ihr Grundstück in Quellnähe, so wird sich die Wassermenge zwischen den Jahreszeiten oder von heute auf morgen nicht dramatisch ändern. Hat er aber bereits einige Zuflüsse oder wurde das Einzugsgebiet stark versiegelt, kann der Lauf rasch anschwellen.

Setzen der Röhre

Gehen Sie ein solches Projekt während einer Trokkenperiode an, wenn der Bach Niedrigwasser hat. Auf Seite 111 finden Sie Tips, wie Sie bei der Arbeit einigermaßen trocken bleiben.

Denken Sie bei der Planung daran, daß der Innenboden der Röhre kurz unter oder auf dem Niveau des Bachbetts liegen sollte. Die Röhre sollte ein leichtes Gefälle aufweisen.

Zuerst säubern Sie das Bachbett von störenden Steinen. Bewahren Sie sie für die Mauer an den beiden Enden der Röhre auf. Das Bachbett muß von allem befreit werden, was der Röhre im Wege ist. Füllen Sie die beim Herausnehmen der Steine entstandenen Löcher mit etwa 2 cm großem Kies auf.

Als nächstes bringen Sie ein flaches Kiesbett in der Mitte des Baches aus. Lassen Sie es in Fließrichtung abfallen und formen Sie es leicht für die Rundung der Röhre vor. Die Mulde im Kiesbett vergrößert die Auflagefläche der Röhre. Die Unterkante der Röhre sollte nicht wesentlich tiefer als das Bachbett liegen, legen Sie also das Kiesbett nicht zu tief an.

Die Röhre wird einfach auf das Kiesbett gerollt und mit der Hand positioniert. Besteht sie aus zwei Teilen, werden diese nach dem Positionieren miteinander verbunden. (Für Röhren mit großem Durchmesser braucht man schweres Gerät.)

Wenn die Röhre liegt, stabilisieren Sie sie durch ein paar Steine auf jeder Seite und jeweils etwa 30 cm von den Enden entfernt. Zwischen Uferböschung und Röhre wird nun Kies aufgeschüttet und verdichtet. Arbeiten Sie schichtweise und von den Rändern zur Mitte hin.

Der dicht gepackte Kies sollte schließlich die Röhre fast vollständig begraben und den Bereich zwischen den beiden Uferböschungen aufgefüllt

Die Röhre mit einem Durchmesser von 2,7 m wird am unteren Ende durch eine Trockenmauer aus großen Steinen gesichert.

haben. Lassen Sie an den Enden genügend Platz für die einfassenden Trockenmauern.

Bau der einfassenden Mauern

Am oberen Ende wird die Einfassung trichterförmig gebaut, um das Wasser in die Röhre zu lenken. Am unteren Ende dagegen steht die Mauer im rechten Winkel zur Röhre. Zunächst bauen Sie – wie in »Verkleidung eines bestehenden Bachdurchlasses« auf den Seiten 110 bis 111 beschrieben – die Einfassung für das obere Ende, danach die für das untere Ende. Beim Hochziehen der Mauer werden Sie in die entstehende Lücke zwischen aufgeschüttetem Kies und Mauer weiteren Kies auffüllen.

Ziehen Sie die beiden Mauern so hoch, daß der Weg auf die gewünschte Höhe kommt. Stabilisieren Sie sie mit Decksteinen. Für den Weg über die Röhre kommt eine Schicht Kies, Erde, Splitt, Rindenmulch oder Holzhäcksel auf den Kiesuntergrund.

Wenn der Bach über die Ufer tritt

Freunde von mir leben in einem wunderschönen Tal, das von einem großen Bach durchflossen wird. Kurz nachdem sie dort hinzogen, stellten sie fest, daß bei starken Regenfällen die Röhre von 1,2 m Durchmesser unter ihrem Fahrweg den Bach nicht fassen konnte. Wasser floß über den Fahrweg und erodierte ihn.

Als die Röhre gelegt wurde, war sie ausreichend dimensioniert. Spätere Bebauung am oberen Bachlauf hat durch die Versiegelung des Bodens den Ablauf des Wassers derart verstärkt, daß der Bach bei Regen fast doppelt so stark anschwillt. Meine Freunde lösten das Problem, indem sie das Bachbett verbreiterten und eine zweite, gleich große Röhre neben die erste legten.

Wasserfall und Becken

Fließendes Wasser, das über Steine rieselt und in Becken plätschert, erzeugt eine Atmosphäre der Ruhe und Abgeschiedenheit von der Hektik des Alltags. Teiche spiegeln die Wolken, fangen das goldene Licht eines Spätsommertages ein und erzählen von den vielen Stimmungen des Tages. Wassergärten verzaubern uns. Und mit den Jahreszeiten wandeln sie sich auf faszinierende Weise.

Es gibt viele Methoden, Wasserfälle und Wassergärten zu bauen. Ich werde nur eine vorstellen; wenn Sie aber an anderen interessiert sind, finden Sie viele Bücher zu diesem Thema im Buchhandel. Die Anlagen in diesem Abschnitt wurden von dem Landschaftsarchitekten und Gärtner Art Garst geschaffen. Eine Ausnahme bildet der Wasserfall, der auf den Seiten 120 und 121 gezeigt ist. Das auf den folgenden Seiten beschriebene Projekt – ein Teich, der sich über einen Wasserfall in einen anderen ergießt – ist auf Seite 118 abgebildet. In diesem Abschnitt finden Sie die Arbeitsschritte von Art Garst zum Bau dieses Wasserfalls. Denken Sie aber daran: jedes Gelände und jeder Entwurf ist anders. Sie sollten Ihr Gelände vorher gründlich begutachten und beim Setzen der Steine experimentieren.

Wahl und Vorbereitung des Geländes

Ein Wasserfall benötigt ein abfallendes Gelände, am besten in einer möglichst natürlichen Umgebung. Bei der Suche nach einem geeigneten Ort sollten Sie folgendes beachten:

- Um den Hang zu verlängern, können Sie den Aushub aus dem unteren Teich oben aufschütten.

Wasser plätschert über den moosigen Bart eines Steins.

- Vermeiden Sie die Nähe von großen Sträuchern oder Bäumen, damit möglichst wenig Laub in das Wasser fällt.
- Tiefliegendes Gelände mit anstehendem Grundwasser neigt von sich aus zum Überfluten.
- Legen Sie die Teiche möglichst in die Nähe Ihres Hauses. So können Sie das Geräusch und den Anblick des Wassers öfter genießen, und der Teich ist gut zu erreichen, wenn Wasser nachgefüllt, Pflanzen gepflegt oder Fische gefüttert werden müssen.
- Liegt der obere Teich etwas versteckt hinter Pflanzen, so kann man sich der attraktiven Illusion hingeben, der Wasserfall werde von einem Bach gespeist.
- Allgemein ist es wichtig, ein für Algen abträgliches, möglichst sauerstoffreiches Wasser zu haben. Wasserfälle und Wasserpflanzen in den Teichen helfen dabei. Jährliche Reinigung ist ebenfalls nützlich (siehe Abschnitt »Teichpflege« auf Seite 127). Viele Gartencenter bieten Filteranlagen an, sie sind aber nicht notwendig.

Benötigte Materialien

Zum Bau eines Wasserfalls wie in diesem Projekt brauchen Sie spezielle Materialien.

- Die Teiche, die auf Seite 118 zu sehen sind, sind mit kräftiger Teichfolie ausgelegt. Diese gibt es in unterschiedlich breiten Bahnen in Gartencentern und Baumärkten.
- Unter der Wasseroberfläche wird die Folie mit Flußkieseln abgedeckt, da deren runde Formen die Folie nicht beschädigen können. Oberhalb sind Feldsteine oder Bruchsteine mit zwei parallelen Flächen ideal, da sie sich gut schichten lassen.
- Eine Teichpumpe fördert das Wasser vom unteren Teich in den oberen. Für die Auswahl der Pumpe ist es wichtig, wieviel Wasser pro Stunde auf welche Höhe gepumpt werden soll. Lassen Sie sich beraten, bevor Sie diese Anschaffung tätigen. In diesem Projekt wird eine Pumpe verwendet, die 4,5 m^3 in einer Stunde auf 1,5 m Höhe fördert.
- Ein flexibles Rohr oder ein Gartenschlauch verbindet die Pumpe im unteren Teich mit dem oberen Teich.

Das wallende, hochgepumpte Wasser im oberen Teich fließt in einer Rinne unter aufgeschichteten Steinen durch, bevor es in den unteren Teil des Teichs fällt.

Vorüberlegungen

Größe und Tiefe der Teiche hängt von diversen Faktoren ab. Einer ist die Form des Geländes. Ein weiterer Punkt ist, ob der Teich eine komfortable Heimat für Fische bilden soll. Dann sollte das Wasser im Teich im Winter nicht bis zum Grund gefrieren, da sonst die Fische sterben können. Auch unterschiedliche Pflanzen haben verschiedene Bedürfnisse. Manche lieben tiefes Wasser, andere fühlen sich in flachen Teichen wohl. Der untere Teich in diesem Projekt ist 75 cm tief, der obere 45 cm.

Überlegen Sie sich die Lage der Teiche genau, bevor Sie mit dem Aushub beginnen. Ein echter Wasserfall ist leichter auf einem kurzen, steilen Gefälle zu erzielen. Wenn das Stück zwischen den Teichen lang und flach ist, werden Sie mehrere Kaskaden über mehrere Steinstufen anlegen müssen, um den unteren Teich zu erreichen.

Die Steine, mit denen der Teich ausgekleidet wird, sind überall zwischen 20 und 30 cm dick. Heben Sie also für die Teiche entsprechend größere Löcher aus.

Warnung: Wenn Sie befürchten, beim Graben auf einen Kanal oder auf Wasser-, Gas- oder Elektrizitätsleitungen zu treffen, sollten Sie sich vorher bei Ihrem Versorgungsunternehmen nach deren Lage erkundigen. Dort erfahren Sie auch, ob eine störende Leitung verlegt werden kann.

Vorbereitung des Geländes

Markieren Sie den Umriß des unteren Teichs mit einem Gartenschlauch oder ausgestreutem Mehl. Entfernen Sie dann die Vegetation und den Oberboden innerhalb der Linie. Entfernen Sie Vegetation und Oberboden auch von einem 45 cm breiten Streifen außerhalb der Linie. Dabei werden Sie die Linie aus Schlauch oder Mehl vermutlich zerstören. Prägen Sie sich deswegen für die weiteren Arbeiten den Umriß ein.

Innerhalb der Linie wird nun eine schüsselförmige Kuhle ausgehoben, deren Wände zum Rand hin steiler werden. Mit dem Aushub werfen Sie auf dem 45 cm breiten Rand einen kleinen Wall auf. Entfernen Sie alle scharfkantigen Steine und größe-

Ein Haufen runder Flußkiesel, die darauf warten, auf die Teichfolie gelegt zu werden.

Diese flachen Feldsteine werden den Rand des Teichs abdecken.

ren Wurzeln aus der Erde, die die Folie beschädigen könnten.

Der Rand sollte sich am tiefgelegenen Ende des Teichs etwa 30 cm über den gewünschten Wasserpegel erheben. Einen guten Teil der Erde können Sie dafür verwenden, das Gefälle zwischen den beiden Teichen zu vergrößern. Da Sie am Hang arbeiten, wird der Rand des unteren Teichs zum oberen Teich hin ansteigen.

Um den Rand aufzuschütten, wird zunächst eine etwa 15 cm tiefe Schicht Erde um das Loch herum aufgeschüttet und mit einem Stampfer verdichtet. Dabei wird die Erde vom Loch weg nach außen ausgebreitet. Der Rand sollte abgerundet sein und nach außen hin langsam abfallen. Die aufgeworfene Erde wird sich über den umliegenden Rasen erheben. Fahren Sie damit fort, die Erde auszuheben und auf den Rand aufzuschütten, bis das Loch die gewünschte Tiefe hat. Das Verdichten verhindert, daß später die Erde nachsackt oder die Steine verrutschen.

Als nächstes graben Sie auf dem Boden der Kuhle ein weiteres Loch, das wenig größer als ein 20-l-Eimer ist. Dieses Loch dient als »Sinkkasten« für Sedimente. Wenn Sie den Teich entleert haben, um ihn zu reinigen, spritzen Sie die Steine ab und können dann bequem den Dreck aus dem Loch in der Mitte entfernen.

Stechen Sie ringsherum 15 cm unterhalb der Wasserlinie einen 20 cm breiten Absatz aus dem Erdrand ab. Überprüfen Sie mit einer Schnurwasserwaage (eine Schnur mit einer Libelle als Reiter), ob der Absatz überall dieselbe Höhe hat. Unterhalb des Absatzes wird die Teichfolie später mit Flußkieseln ausgekleidet werden, oberhalb mit flacheren Feldsteinen. Als nächster Schritt wird in die Seiten der Kuhle ein 15 cm breiter Absatz 45 cm oberhalb vom Grund abgestochen. Dieser Absatz gibt den Steinen Halt. Je nach Tiefe des Teichs werden etwa alle 45 cm weitere 15 cm breite Absätze angelegt. Der untere Teich in diesem Projekt ist recht tief und hat zwei.

Scharfe Gegenstände in der Erde wie Wurzeln und Steine können die Folie durchlöchern. Sie müssen vollständig entfernt werden. Fahren Sie nach dem Ausgraben mit der bloßen Hand über die Erde, um sie gründlich abzusuchen.

Auskleiden des unteren Teichs

Die Folie muß den Teich auskleiden und sich noch etwa 45 cm über den aufgeworfenen Rand hinaus erstrecken. Hangaufwärts muß die Folie bis über die Vorderkante des oberen Teichs reichen. Um die Größe der Folie abzuschätzen, messen Sie einmal quer und einmal längs die größte Ausdehnung.

Um die Breite zu messen, legen Sie das Maßband einmal quer durch den Teich. Messen Sie von einem Punkt 45 cm außerhalb des Rands bis zu dem entsprechenden Punkt auf der anderen Seite des Teichs. Das Maßband muß dabei auf der ganzen Strecke die Erde berühren, sonst wird die Folie zu kurz. (Zu zweit geht die Arbeit deutlich leichter.)

Um die Länge zu messen, fangen Sie vom unteren Ende des Hangs mit dem ausgehobenen Loch vor sich an. Das Maßband läuft dann direkt den Hang hinauf, auf den Sie schauen. Fangen Sie 45 cm vor dem aufgeworfenen Rand an, lassen das Maßband über den Rand in den Teich, dann die Steigung hinauf und bis hinein in den oberen Teich laufen.

Lassen Sie sich beim Ausbreiten der Folie über dem Teich helfen.

Lassen Sie die Folie in der Mitte hinuntersinken.

Bewahren Sie die Folie mit ein paar Steinen am Rand vor dem Nachrutschen.

Steine, Wasser und Pflanzen verwandeln einen gewöhnlichen Hang in ein Idyll.

Ziehen Sie Ihre Schuhe aus und klettern Sie in den Teich hinein.

Beginnen Sie an dem »Sinkkasten« und drücken die Folie an die Erde an.

Arbeiten Sie sich die Seiten hoch.

Kümmern Sie sich nicht um Falten, sie sind unvermeidlich. Sitzt die Folie richtig, wird sie vorläufig mit Steinen fixiert. (Überstehende Ränder werden später abgeschnitten.)

Setzen der Steine

Bevor die gerundeten Flußkiesel gesetzt werden, sollten sie gut abgespült werden, damit keine anhaftende Erde das Teichwasser verschmutzt. Legen Sie dann einen großen flachen Stein auf den Boden des »Sinkkastens« und füllen Sie ihn locker mit einigen großen Steinen auf.

Legen Sie den Grund des Teichs mit Flußkieseln aus. Suchen Sie diese sorgfältig aus, damit sie dicht zusammenpassen und möglichst wenig von der Folie zu sehen ist. Die Steine müssen einander Halt geben, da sie anders als Pflastersteine nicht durch Erde oder Kies gehalten werden. Um die Steine anzudrücken, schlagen Sie jeden mehrmals mit einem schweren Gummihammer.

Fahren Sie mit dem Setzen der Flußkiesel fort, bis Sie den ersten 15 cm breiten Absatz erreicht haben. Von dort steigen die Wandungen steiler an. Der Absatz dient als Untergrund, auf dem die Steine geschichtet werden. Doch zunächst wird die Pumpe gesetzt.

Einbau der Pumpe

Die Pumpe sollte auf die Seite des Teichs gesetzt werden, die dem Stromanschluß am nächsten ist. Schließen Sie den Schlauch an den Ausgang der Pumpe an und setzen Sie sie auf den Absatz. Ziehen Sie dann an den Seiten Steinwände hoch, die dem Schlauch noch Platz lassen, und überdachen Sie die Pumpe mit einem weiteren Stein. So steht die Pumpe in einer sicheren Nische, wo sie leicht zu erreichen ist, wenn sie repariert oder ausgetauscht werden muß. Das Stromkabel wird über der Folie aus dem Teich hinausgeführt.

Verlegen Sie nun den Schlauch auf dem Absatz bis zur Seite des Wasserfalls und von dort hinauf in den anderen Teich hinein. Er verschwindet später unter den Steinen des Wasserfalls.

Nachdem Kabel und Schlauch verlegt sind, werden Kiesel weiter bis zum nächsten Absatz und dann bis zu dem 20 cm breiten Absatz geschichtet. Nehmen Sie für die letzte Reihe die größten Kiesel, die Sie haben. Der Absatz und die Oberseite der Steine sollten eine Ebene bilden.

Bis zum obersten Absatz werden Flußkiesel gesetzt. Kurz darüber liegt später der Wasserspiegel.

Auf der Fotografie rechts ist zu sehen, wie Art Garst die Folie an der Wandung des Teichs noch mal über die Randsteine zurückgeschlagen hat und nun die Erde hinter der Folie feststampft. Dadurch werden Folie und Randsteine enger zusammengedrückt, und die Steine bekommen zusätzlichen Halt.

Nehmen Sie nun Feldsteine oder Bruchsteine, die zwei parallele Flächen haben, und setzen Sie damit einige Reihen auf den obersten Absatz. Die erste Reihe ruht dabei auf dem Absatz und der letzten Reihe Flußsteine.

Achten Sie darauf, beim Setzen der Steine nicht den Schlauch abzuquetschen. Winden Sie den Schlauch durch die Lücken und setzen Sie die Steine sicher, damit sie nicht verrutschen.

Durch Schlagen mit einem Gummihammer stopft Art Garst den Lehm gegen die Folie.

Die runden Flußkiesel unter dem obersten Absatz liegen im Wasser, die flachen Feldsteine darüber schauen aus dem Wasser hervor. Durch den Schlauch auf der rechten Seite wird das Wasser zum oberen Teich gepumpt.

Einbau eines Überlaufs

Nach stärkerem Regen könnte der untere Teich überlaufen. Damit das Wasser nicht unkontrolliert über den Rand fließt, braucht der Teich einen Überlauf. Bevor Sie den unteren Rand mit Steinen besetzen, ziehen Sie die Folie zurück und heben einen etwa 20 cm breiten und 20 cm tiefen Kanal aus. Legen Sie die Folie zurück, und drücken Sie sie in den Kanal hinein. Legen Sie dann ein Abflußrohr mit 10 cm Durchmesser in den Kanal. Das Rohr sollte nicht in den Teich ragen, sondern im Kanal enden. Die Öffnung sollte in einer Höhe liegen, so daß überschüssiges Wasser gut ablaufen kann.

Nehmen Sie nun die Folie von der Innenseite des Teichs und stopfen Sie sie lose um den Rand der Rohrmündung. (Sie müssen dazu die Folie in Falten legen.) Verkleiden Sie den Kanal mit kleinen, flachen Steinen, die das Wasser trichterförmig dem Rohr zuleiten.

Lassen Sie das Rohr in einem Graben enden, oder lassen Sie es einfach kurz und offen, so daß das Wasser aus dem Teich direkt auf die Erde fließt.

Abschlußarbeiten am unteren Teich

Setzen Sie nun die Steine bis zur Oberseite des erhöhten Randes. Schneiden Sie dann mit einem Teppichmesser die Folie am unteren Ende des Teichs entlang der Außenkante des Randes. Bedecken Sie anschließend die verbliebene Folie auf der Außenseite des Randes mit Erde und decken Sie den Rest mit Steinen ab.

Bedecken Sie die Folie auf dem Hang der ansteigenden Seite des Teichs mit Steinen. Auf einer Seite winden Sie den Schlauch zwischen den Steinen nach oben. Er soll bis in den oberen Teich reichen. Wie Sie auf der Fotografie oben sehen, hat

Aufeinandergestellte Steinplatten bilden den Wasserfall zwischen den beiden Teichen.

Art Garst eine waagrechte Platte mit einem großen fast senkrechten Stein unterstützt, so daß sich darüber ein Wasserfall ausbilden wird.

Die Wasserwaage auf dem unteren Foto liegt in der halbfertigen Rinne, die vom oberen Teich zum Wasserfall führt. Bauen Sie aus Ihren Steinen einen ähnlichen Kanal.

Die hier im Bau befindliche Rinne ist der Abfluß für den oberen Teich. Oben links sieht man das Kabel für die Teichpumpe, die geschützt in einer sorgfältig aufgeschichteten Steinnische steht.

Die sorgfältig angeordneten Steine leiten das Wasser in einem Wasserfall in den unteren Teich.

Die Art, wie die Steine gesetzt werden, bestimmt, wie der Verlauf des Wassers sein wird. Eine sehr lange, horizontale Platte führt das Wasser weit nach vorn, von wo es, ohne die anderen Steine zu berühren, in den unteren Teich fällt. Ein weniger weit herausragender Stein läßt das Wasser kaskadenartig über die Steine darunter laufen. Nachdem Sie den Lauf des Wassers ausgetestet haben, werden Sie bestimmt manche Steine noch einmal umsetzen.

Lassen Sie Wasser aus einem Eimer oder Gartenschlauch über die Rinne fließen, um die Lage der Steine zu prüfen. Nehmen Sie eventuell Anpassungen vor. Das Wasser sollte beim Auftreffen auf andere Steine nicht zu sehr spritzen, da sonst die Verdunstungsverluste recht hoch sind.

Der obere Teich

Schlagen Sie die von unten hochkommende Folie zurück. Heben Sie den Teich mit »Sinkkasten« und Absätzen aus wie unten. Legen Sie die Folie wieder zurück. Messen Sie aus und schneiden Sie eine Folie für den oberen Teich zu. Legen Sie die Folie so aus, daß sie die erste überlappt.

Verlegen Sie den Schlauch zur Hangseite des Teichs. Positionieren Sie das Schlauchende etwa 2,5 cm unterhalb des zukünftigen Wasserspiegels. Bedecken Sie die Folie in und um den Teich herum mit Steinen. Wenn der obere Teich deutlich kleiner als der untere ist, sollten Sie unter der Wasserlinie auch kleinere Kiesel zum Auskleiden verwenden.

Teichpflege

Schauen Sie häufig nach dem Wasserstand. Füllen Sie reichlich nach. Sie werden überrascht sein, wie schnell das Wasser besonders bei trockenem, heißem Wetter verdunstet. Fischen Sie regelmäßig mit einem Netz Blätter von der Oberfläche und harken Sie mit einem Rechen Pflanzenreste vom Boden der Teiche. Um die Teiche vollständig zu reinigen, werden das Wasser abgelassen, die Steine abgespritzt und der Dreck aus den »Sinkkästen« entfernt. Danach wird mit frischem Wasser befüllt.

Ein Wasserfall bietet einen wunderschönen Anblick und erfüllt den Garten mit dem beruhigenden Geräusch glucksenden Wassers.

KAPITEL VIII

STUFEN, TERRASSEN UND BÄNKE

Wenn Ihr Grundstück vollkommen flach ist, werden Sie vielleicht gleich an das Ende des Kapitels zu den Bänken blättern. Steinbänke sind liebenswerte Bereicherungen eines Gartens. Und obwohl die verwendeten Steine sehr schwer sind, ist ihr Bau erstaunlich einfach. Wenn Sie ein Hanggrundstück besitzen, werden Sie von den ersten Projekten begeistert sein. Trockenmauern, die terrassiertes Gelände stützen, und Stufen sind attraktiv und praktisch. Man vermeidet Erosion, verwandelt Abhänge in Beete und verhindert, daß man auf dem schlammigen Hang in Richtung Hühnerstall ausrutscht.

STEINSTUFEN

Steinstufen haben nicht nur einen praktischen Nutzen. Sie bieten im Garten einen attraktiven Blickfang. Stufen und Wege sollten beim Entwurf eines Gartens berücksichtigt werden, bevor Sie Mauern, Beete, Bänke und Steinskulpturen planen.

Auftritt und Steigung

Der Auftritt ist die Fläche, die man betritt. Ihre Tiefe mißt man von der Vorder- bis zur Hinterkante. Die Steigung ist der senkrechte Teil der Stufe. Damit eine Treppe leicht zu begehen ist, sollte die Tiefe des Auftritts und die Höhe der

Aus einem steilen Hang werden durch Stützmauern und Treppen zugängliche Beete.

Steigung von Stufe zu Stufe gleichbleiben. Dies ist besonders wichtig, wenn die Stufen häufig begangen werden wie etwa im Eingangsbereich Ihres Hauses. Ist beispielsweise eine Stufe 10 cm hoch, so sollten die Höhen der anderen Stufen so dicht wie möglich bei 10 cm liegen. Ist das nicht der Fall, so kann sich kein gleichmäßiger Schritt einstellen, und man stolpert leichter.

Steigungen sollten im Außenbereich zwischen 10 und 17 cm hoch sein. Im privaten Bereich sind auch 25 cm und mehr möglich. Die Tiefe des Auftritts sollte zwischen 25 und 45 cm betragen. Das Verhältnis von Auftritt zu Steigung ist von Treppe zu Treppe unterschiedlich. Bei sehr leichtem Gefälle wird der Auftritt sehr lang und die Steigung recht niedrig ausfallen. Bei einem Steilhang werden hingegen die Steigung hoch und der Auftritt schmal sein.

Mit folgender Formel lassen sich geeignete Maße bestimmen:

2 x Auftritt + Steigung = 64 cm.

Wenn zum Beispiel die Steigung 13 cm hoch werden soll, sollte der Auftritt 25,5 cm tief werden.

Das Gesamtgefälle

Die horizontale Strecke, die eine Treppe überwindet, bezeichnet man als Steigungslänge. Gemessen wird dabei entlang einer imaginären horizontalen Linie. Der gesamte Höhenunterschied wird entlang einer Senkrechten gemessen.

Um zu entscheiden, wie viele Stufen Sie bei einem Projekt brauchen, müssen Sie Höhe und Länge des Gefälles ermitteln. Seien Sie sich jedoch bewußt, daß die Steine nicht genormt sind, daß die Stufen also nicht immer die berechneten Werte einhalten werden.

Am besten lassen Sie sich beim Ausmessen des Gefälles helfen. Sie brauchen zwei Holzlatten, eine mindestens 2,5 m lang, zwei Wasserwaagen zwischen 60 und 120 cm lang, ein Maßband und einen Bleistift.

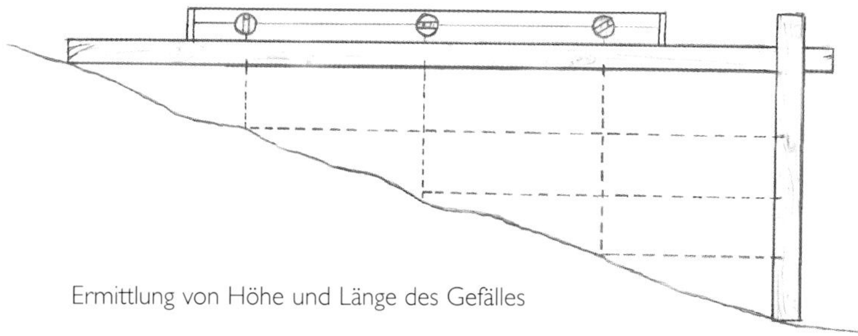

Ermittlung von Höhe und Länge des Gefälles

Markieren Sie das untere und das obere Ende der Treppe jeweils mit einem Pflock. Ihr Freund stellt eine Latte neben den unteren Pflock. Mit Hilfe der Wasserwaage hält er sie lotrecht. Nehmen Sie selbst die längere Latte. Legen Sie sie mit einem Ende an den oberen Pflock. Mit Hilfe der Wasserwaage halten Sie sie horizontal. Die beiden Latten sollten an der Stelle, wo sie sich treffen, einen 90°-Winkel bilden. Dann entspricht die Unterseite der horizontalen Latte der Länge, die Innenseite des vertikalen Holzes der Höhe der Treppe.

Als nächstes macht Ihr Freund an den Innenseiten der beiden Holzlatten dort, wo sie sich treffen, je eine Markierung mit einem Stift. Legen Sie dann die beiden Latten auf den Boden und messen Sie die markierten Längen ab. Diese beiden Maße bestimmen Ihre zukünftige Treppe.

Nachdem Sie die beiden Werte ermittelt haben, können Sie die Maße für die einzelnen Stufen errechnen. Angenommen die Länge beträgt 184 cm, die Höhe 40 cm und Sie möchten vier Stufen haben. Dann teilen Sie beide Zahlen durch vier und erhalten 46 cm tiefe Auftritte und 10 cm hohe Steigungen.

Es ist schwierig, beim Setzen von Stufen ohne Mörtel die Maße einzuhalten. Versuchen Sie wenigstens, die Höhen nicht mehr als 1,5 cm und die Auftritte nicht mehr als 2,5 cm von den berechneten Werten abweichen zu lassen.

Lassen Sie sich von mir zwei Tips geben. Wenn die Treppe außergewöhnlich lang ist, sollten Sie Treppenabsätze in Erwägung ziehen. Auf ihnen kann man anhalten, um beim Aufstieg Atem zu schöpfen.

Bei engen Treppen bieten Sie eine Ausweichstelle, wenn jemand entgegenkommt. Treppenabsätze können kleine gepflasterte Flächen, ein Stück Rasen oder ein eingefaßtes Kiesbeet sein. Beim Berechnen von Auftritten und Steigungen müssen Sie die zusätzliche Länge der Absätze von der Gesamtlänge abziehen.

Wenn das Gefälle sehr steil ist, so daß die Auftritte zu eng und die Steigungen zu hoch werden würden, können Sie die Treppe flacher und damit bequemer und sicherer machen, indem Sie sie schräg den Hang hochführen.

Stufenbreite

Die ideale Stufenbreite liegt zwischen 1,2 und 1,5 m, so daß man zu zweit bequem nebeneinander hergehen kann. Für eine Treppe, die nur zur Bewirtschaftung des Gartens dient, reichen 60 bis 75 cm aus. Anders als Höhe und Tiefe der Stufen ist die Breite unkritisch. Das erleichtert den Bau einer Treppe in einem Gelände mit Bäumen und anderen Hindernissen erheblich. Mann kann sich sogar überlegen, die Stufenbreite aus ästhetischen Gründen zu variieren. Eine Treppe hat beispielsweise eine interessante optische Wirkung, wenn die Stufen nach oben schmaler werden.

Zusammengesetzte Stufen

Um eine gleichmäßige Stufenhöhe zu erreichen, werden die Trittsteine mit zusätzlichen Steinen unterfüttert.

Auswahl der Steine

Für die Trittstufen eignen sich Steine ähnlich den Decksteinen einer Trockenmauer mit einer Stärke von 5 bis 10 cm. Schauen Sie nach ebenen, aber rauhen Steinen aus. (Glatte Steine sind bei Nässe rutschig.) Die Steine sollten eine saubere Vorderkante haben. Wenn nicht, schlagen Sie die Überstände ab, da man darüber stolpern kann.

Unterschiedliche Dicken der Trittsteine lassen sich durch verschieden hohe Unterlegsteine ausgleichen.

Vorbereitung des Geländes

Wenn möglich, deponieren Sie die Steine am oberen Ende der Treppe. Sie abwärts rutschen zu lassen ist viel leichter, als sie hochzuziehen. Halten Sie eine kräftige Plane parat, um bei Regen die Baustelle abzudecken. Soll die Treppe eine Beleuchtung erhalten, schaffen Sie das benötigte Installationsmaterial herbei. Das Kabel wird beim Setzen der Steine mitvergraben.

Entfernen Sie zunächst auf der Fläche die Rasensoden. Koffern Sie einen Streifen von oben nach unten 10 cm tief aus. Der Streifen sollte beiderseits 15 cm breiter als die Stufen werden. So

Stufen können auch direkt in die Mauer integriert werden.

Setzen der ersten Stufe

Am Fuß der Treppe heben Sie eine ebene Fläche aus, die etwas größer als die Unterseite des ersten Trittsteins ist. (Sie können den ersten Stein so setzen, daß entweder seine Unter- oder seine Oberseite Bodenniveau hat.) Schaufeln Sie die Erde in eine Schubkarre und deponieren Sie sie in der Nähe. Oft braucht man am Schluß noch Erde, um Löcher aufzufüllen. Geben Sie 5 cm Kies auf die ebene Fläche.

haben Sie mehr Platz zu Arbeiten. Und bei steilem Gelände habe Sie zusätzlichen Raum, um die Erde mit Steinen abzustützen. Stechen Sie dann grob die Stufen ab, um für die Auftritte Platz zu schaffen.

Sie können auch von unten nach oben Stufe für Stufe den Soden entfernen, Erde ausheben und die Steine setzen. Bei dieser Methode sollte die jeweils zuletzt gesetzte Stufe mit einer Plane abgedeckt werden, damit sie vom Aushub der nächsten Stufe nicht verschmutzt wird. Wenn eine Stufe fertig ist, schütteln Sie die Plane ab und bedecken damit die neue Stufe.

Setzen Sie einen oder mehrere Steine. Sie sollten leicht nach vorne geneigt sein, damit das Wasser abläuft. Hier macht sich eine große Steinplatte besonders gut. Sie können aber auch alle Stufen aus mehr als einem Stein machen. Wenn Sie zwei oder mehr Steine verwenden, achten Sie auf möglichst kleine Fugen an der Vorderkante.

Die Oberfläche sollte in einer Ebene liegen und von Seite zu Seite waagrecht sein. (Buckeln und Dellen vieler Steine erschweren das exakte Ausrichten der Oberfläche, seien Sie nicht überpenibel.) Die Steine müssen sicher sitzen. Wackelnde Stufen sind unangenehm und gefährlich.

Unterschiedlich hohe Unterlagen und Stufenplatten wurden zu einer einheitlichen Stufenhöhe kombiniert.

Der erste Unterlegstein

Für optimale Stabilität ruht der oder die Unterlegsteine auf der hinteren Kante des Trittsteins. Geht der Trittstein nicht weit genug nach hinten, setzen Sie einen Stein dahinter, der groß genug ist, die fehlende Tiefe des Trittsteins auszugleichen und die Unterlegsteine zu tragen. Graben Sie dazu etwas Erde hinter dem Trittstein ab und füllen Sie 5 cm Kies auf. Setzen Sie den zusätzlichen Stein in das Kiesbett und umgeben Sie ihn mit Kies.

Die Unterlagen halten den Kies unter der Treppe zurück und tragen die Trittsteine darüber. Die Höhe einer Unterlage ergibt sich aus der gewünschten Höhe der Steigung abzüglich der Stärke des daraufliegenden Trittsteins.

Soll beispielsweise die Stufe 20 cm hoch werden und die Stärke des Trittsteins beträgt 8 cm, so muß der Setzstein ca. 12 cm hoch sein. Sie können auch mehrere Steine aufeinandersetzen, um die benötigte Höhe zu erzielen.

Positionieren Sie die Unterlagen auf die hintere Kante des bereits gesetzten Trittsteins. Füllen Sie den Raum hinter den Unterlagen mit Kies auf. Damit der Kies nicht seitlich austritt, müssen an den Seiten Steine gesetzt werden, ähnlich wie bei dem Ende einer Stützmauer. Verdichten Sie dann den Kies, ohne dabei die Steine zu verrutschen.

Setzen der ersten Unterlagen und Hinterfüllen mit Kies

Arbeiten Sie sich nach oben

Einmal wurde ich um Rat beim Treppenbau gefragt. Der Mann hatte bereits angefangen und war so frustriert, daß er fast aufgeben wollte. Ich gab ihm Tips, wie man Steine bewegt und wo man anfängt – da unterbrach er mich mit einem verlegenen Lächeln und gestand mir, daß er oben angefangen hatte und nun versuchte, sich nach unten zu arbeiten.

Da die Stufen aufeinanderruhen, ist es fast unmöglich, von oben nach unten zu arbeiten.

Außerdem haben Sie eine bequeme Arbeitsfläche, wenn Sie von unten anfangen und nach oben arbeiten.

Abschließende Arbeiten

Breiten Sie Kies für den nächsten Trittstein aus. Fegen Sie den Kies von der Oberseite der Unterlagen. Positionieren Sie den Trittstein. Für einen stabilen Sitz muß seine Vorderseite auf den Unterlagen darunter ruhen. Setzen Sie die Vorderkante bündig, oder lassen Sie sie bis zu 2,5 cm über die Setzsteine überstehen. Steht er zu weit über, ist er schwer zu stabilisieren.

Setzen Sie in dieser Weise Unterlagen und Trittplatten, bis Sie oben angelangt sind. Wenn Sie alle Stufen aus mehreren Steinen zusammensetzen, sollten die Fugen keine durchgängige Linie bilden,

Die Dicken der Steine einer Treppe können beachtlich schwanken.

sondern immer versetzt sein. Eventuell müssen Sie die Erde entlang der Treppe abstützen. Bei mäßigem Gefälle nehmen Sie dazu hochkant gestellte Steinplatten, die Sie gegen die angeschnittene Erde lehnen. Bei stärkerem Gefälle nehmen Sie große Findlinge.

Randsteine binden die Treppe auch optisch in das Gelände ein, wo ansonsten die Kanten der Stufen aus dem Hang hervorspringen würden. Dazu müssen die Randsteine die Oberseite der Trittstufen überragen.

Fugen in den Stufen sollten nicht in einer Linie liegen.
Angeschnittenes Erdreich wird mit großen Steinen abgestützt.

Stufen aus grossen Steinplatten

Treppen lassen sich auch ganz ohne Unterlagen bauen. Dazu werden große Steinplatten genommen, die gleichzeitig Steigung und Auftritt sind. Die Vorderkante ruht jeweils auf der Hinterkante der Platte darunter.

Auswahl der Steine

Für eine solche Treppe brauchen Sie große Steine einheitlicher Dicke. Haben Sie zum Beispiel die Steigung mit 10 cm Höhe bestimmt, müssen alle Steine möglichst genau 10 cm dick sein.

Geeignete Steine wiegen oft mehr als ein Mensch. Sie haben zwar auf den Seiten 38 und 39 gelernt, wie man schwere Steine auch alleine bewegen kann. Dennoch sollten Sie überlegen, die Treppe aus kleineren Unterlagen und Trittplatten aufzubauen, wenn Sie die Steine nicht oben deponieren und bei der Arbeit herunterrutschen lassen können.

Bei starkem Gefälle können die Platten kürzer sein. Dafür sollten sie 20 cm dick sein. Bemühen Sie sich darum, daß die Steigungen nicht mehr als 1,5 cm und die Auftritte nicht mehr als 2,5 cm vom Soll abweichen. Im Zweifel legen Sie kleine, flache Steine unter. Die Stufen müssen nicht alle die gleiche Breite haben. Füllen Sie Lücken an den Seiten mit Pflanzen oder großen Steinen auf.

Setzen des ersten Steins

Suchen Sie sich einen oder mehrere Steine für die erste Stufe aus. Bei mehreren Steinen müssen Sie darauf achten, daß ihre Kanten gut zusammenpassen.

Lassen Sie den Stein oder die Steine den Hang heruntergleiten. Heben Sie für die erste Stufe eine Fläche aus, die etwas größer als die Stufe ist. Ein 5 cm starkes Kiesbett ist nicht notwendig. Das Gewicht der großen Steine hält sie sicher fest. Allerdings erleichtert ein Kiesbett das Ausrichten der Steine.

Wegen der sorgfältig ausgesuchten Steinplatten einheitlicher Dicke waren keine Unterlagen notwendig.

Durch Unterlegen flacher Steine erhielt diese Treppe im North Carolina Arboretum einheitliche Steigungen.

Steinmetzin Frederica Lashley nahm für diese Treppe große Steine mit einer breiten, ebenen Oberseite, so daß die Stufen trotz unterschiedlicher Höhen leicht zu begehen sind.

Positionieren Sie den ersten Stein. Er sollte leicht nach vorne geneigt und von Seite zu Seite waagrecht sein. Nehmen Sie eine Metallstange und verdichten Sie Kies um seine Kanten. Nehmen Sie einen Gummihammer, wenn Sie Brechsand oder Erde verwenden. Setzen Sie bei Bedarf seitlich Steine, um die Erde abzustützen.

Breiten Sie ein Stück Plane auf dem gesetzten Stein aus. Bereiten Sie eine ebene Fläche für die nächste Stufe vor. Bevor Sie die Erde ausheben, wählen Sie einen Stein aus und messen dessen Tiefe, damit Sie nicht unnötig weit ausgraben. Wenn der Stein in Kies sitzen soll, heben Sie die Fläche 5 cm tiefer als die Oberseite der ersten Stufe aus. Füllen Sie dann mit Kies auf. Verzichten Sie auf den Kies, wird die Erde bis auf die Höhe der Oberseite des vorangegangenen Steins abgegraben.

Da der zweite Stein auf dem ersten ruht, müssen Sie die Tiefe des Auftritts markieren. Messen Sie mit einem Maßband von der Vorderkante der unteren Stufe die gewünschte Tiefe ab (zum Beispiel 45 cm). Markieren Sie eine Linie durch Ritzen mit einem Meißel. Setzen Sie den oder die nächsten Steine mit ihrer Vorderkante entlang der Linie.

Überprüfen Sie die neue Stufe auf Ebenheit und Neigung. Setzen Sie weitere Stufen, bis Sie fertig sind.

Unregelmässige Treppen

Die Treppen in diesem Abschnitt sind am einfachsten und schnellsten gebaut, da Sie die Steine nicht sorgfältig aussuchen müssen, sondern eine große Bandbreite unterschiedlicher Formen verwenden können. Es müssen große, schwere Steine sein, aber sie müssen nicht perfekt geformt sein. Deswegen ähnelt auch das Begehen einer solchen Treppe manchmal mehr einem Klettern. Sie können auch andere Materialien verwenden wie zum Beispiel Holzklötze.

Die Treppe auf dieser Seite führt einen steilen Hang zu einem kleinen Staudamm eines Bachs hinunter. Mit dem Wasser wird eine ganz kleine Wasserkraftanlage betrieben. Deswegen muß von Zeit zu Zeit der Bach vom Schlamm befreit werden. Der Schlamm wird in perforierte Eimer geschaufelt, damit das Wasser abläuft. Dann wird er den Hang hinauf in den Garten getragen, wo er den Boden verbessert. Bevor ich die Treppe baute, war es richtig schwierig, den dunklen, feuchten, erdigen Abhang hinaufzukommen. Glücklicherweise konnte ich das Baumaterial am oberen Ende deponieren, so daß ich es bei der Arbeit nicht den Hang hochziehen mußte.

Auch unregelmäßige Stufen können ebenso funktional wie schön sein.

Beim Entwurf der Treppe stand ihre Funktion im Vordergrund, da das Gelände schlecht einzusehen ist und die Treppe nicht von vielen genutzt wird. Der steile, kurze Hang erforderte sehr hohe Stufen. Weder Steigung noch Auftritt haben ein einheitliches Maß.

Wie Sie auf der Fotografie sehen, ruht die erste Stufe auf kleinen Steinen, die ich aus dem Bach sammelte und neben dem Damm aufschichtete, und dem Damm selber. Die Skizzen auf der nächsten Seite zeigen verschiedene Bauabschnitte. (Der Damm wurde auf den Skizzen weggelassen.)

Ich machte zuerst mit einem kurzstieligen Spaten die Einschnitte in die Erde. Da die Steine besonders groß und schwer sind, benötigte ich kein Kiesbett. Wenn Sie kleinere Steine verwenden, sollten Sie sie jedoch in Kies setzen. Ich zog den ersten Stein den Hang herunter und ließ die restlichen oben, wo sie mich nicht bei der Arbeit störten.

Nachdem der erste Stein sicher plaziert war, rollte ich einen großen, blockförmigen Stein als nächste Stufe hin. Dann setzte ich längs der Kanten der Steine Steinbrocken, damit sich keine Erde über die Stufen verteilt.

Die dritte Stufe brauchte unter ihrer Vorderkante eine kleine Unterlage. Um die Vorderkante der obersten Stufe zu stützen, versenkte ich eine Steinplatte hochkant 10 cm tief in der Erde.

Große Steine aus der Umgebung bilden diese Treppe in einer abgelegenen Gegend am Grandfather Mountain in North Carolina.

Treppe aus Robinienholz und Steinen

Ich baute diese gewundene Treppe aus Robinienstämmen und Steinen. Da mir niemand zur Hand ging, mußte ich mich auf meine Brechstange, einige breite Robinienbretter und die Schwerkraft verlassen.

Am oberen Ende des Hangs konnte ich von meinem Laster genug Steine für die oberen drei Viertel der Treppe abladen. Einen nach dem anderen rutschte ich sie bis zur Ladekante des Lasters (eine alte Decke hilft dabei enorm) und kippte sie von der Pritsche. Die unten angekommenen Steine mußten zur Seite geschafft werden, damit die Steine nicht aufeinanderfielen.

Für die untersten Stufen nahm ich Robinienstämme, die ich in ein Kiesbett setzte. Um sie zu halten, schlug ich vor ihnen Pfähle aus Robinienholz in die Erde. Mit der Kettensäge schnitt ich Kerben in das Holz und schlug mit Hammer und Beitel die Überstände ab, so daß eine gerade Trittfläche entstand.

Ich wählte einen Stein für die nächste Stufe aus und grub eine Stelle für ihn aus. Um den Stein hinunterzubringen, legte ich breite Robinienbretter Stoß an Stoß den Hang hinab bis kurz vor die Robinienstufen. Als nächstes wälzte ich den Stein auf seinen Kanten zu den Brettern und legte ihn flach auf das erste Brett. Ich ließ ihn nun die Bretter hinunterrutschen. Nach etwa der halben Strecke ging ich auf die Talseite des Steins und stützte ihn, während ich ihn talwärts zog. (Manchmal mußte ich den Stein halten, damit er nicht zu schnell das Brett hinunter kam.)

Um das Gewicht der extrem großen Steine besser zu verteilen, legte ich ein zweites Brett neben das erste. Wenn ein Stein das Ende des Brettpaares erreicht hatte, nahm ich das Extrabrett und legte es neben das nächste Brett. Wenn ein Stein von den Brettern rutschen wollte, hebelte ich ihn mit der Brechstange wieder auf die Bretter.

Stützmauern für Terrassen

Diese knapp 1,5 m breiten Terrassen an der Mittelmeerküste werden durch 2,5 bis 3 m hohe Mauern gestützt.

Seit Jahrhunderten haben Menschen auf der ganzen Welt, von Italien bis Asien und Südamerika, in die Hänge Terrassen gegraben und die Erde mit Trokkenmauern abgestützt. Diese Mauern verwandelten Abhänge in Ackerland, schützten Städte und Tempel im Gebirge und dienten sogar als Bänke in den Amphitheatern.

Heutzutage werden in den Gärten Terrassenmauern errichtet, um steiles Gelände in ebene, gut zu bepflanzende und leicht zugängliche Flächen zu verwandeln. Schmale Terrassen mit einer Reihe niedriger Mauern sind ansprechender als eine einzelne riesige Mauer mit gigantischen Steinen. Darüber hinaus sind flache Mauern einfacher zu bauen. Steine über Schulterhöhe zu heben oder von einem Gerüst aus zu arbeiten, ist sehr schwierig.

Diese Mauern aus Stein, Kies und Erde in den Cinqueterre sind über 700 Jahre alt.

Mit ungewöhnlichen Materialkombinationen wie mit Robinienholz und Steinen lassen sich wunderbare Wirkungen erzielen. Ich habe eine Terrasse gesehen, die von einer 2,4 m hohen Mauer gestützt wurde. Die Mauer bestand aus aufeinandergestapelten Autoreifen – und sie sah bezaubernd aus. Die Reifen waren Reihe für Reihe ein Stück nach hinten versetzt. In die Öffnungen waren Erde gefüllt und Wildpflanzen gesetzt worden. Große Platten von alten Betonwegen eignen sich ebenfalls gut für Trockenmauern. Auch behandelte Bohlen oder Bahnschwellen sind ein praktisches Material, doch sehen daraus hergestellte Mauern meist weniger ansprechend aus.

Je nach Steilheit des Geländes und der optischen Wirkung, die erzielt werden soll, gibt es sehr unter-

Erdterrassen müssen nicht völlig eben sein. Diese Beete mit leichtem Gefälle lassen sich hervorragend bepflanzen.

schiedliche Typen von Terrassenmauern. Die Fotografien in diesem Abschnitt zeigen davon nur eine kleine Auswahl.

Bevor Sie mit einer Skizze oder sogar mit dem Graben beginnen, sollten Sie Höhe und Länge des Gefälles ermitteln, wie auf Seite 131 beschrieben. (Wenn Sie Zugriff auf einen Theodoliten haben und damit umgehen können, sollten Sie ihn verwenden.) Überlegen Sie sich, wo die einzelnen Mauern errichtet werden. Denken Sie sich die Mauern als die Steigungen und die dahinterliegenden Beete als die Auftritte einer Treppe.

Fangen Sie immer unten an. Wenn Sie sich die Steine bringen lassen, bitten Sie den Fahrer, nur die Menge für die erste Mauer unten zu lassen und den Rest oben zu deponieren.

Meine Nachbarin Jackie Taylor hat in ihrem Garten Beete mit Hilfe von Steinen und Robinienstämmen angelegt.

Steinbänke

Stellen Sie sich vor, Sie ruhen sich auf einer selbstgebauten Bank aus und genießen Ihren Lieblingsausblick. Eine gut gemachte Steinbank an einem angenehmen Ort kann jahrelang genutzt werden, ohne viel Pflege zu brauchen.

Der gewagt erscheinende Unterbau dieser verspielten Bank ist tatsächlich sehr solide.

Freistehende Bänke

Freistehende Bänke sind die einfachste Bauform und können fast überall stehen: unter einem Baum, in der Mitte des Gartens, an einem Waldweg oder neben einem Spielplatz.

Obwohl Steinbänke vielleicht nicht so komfortabel wie Gartenmöbel sind, können sie am richtigen Ort genauso einladend sein. Wählen Sie eine Stelle aus, die Sie schon immer mochten. Eine Bank an einem selten besuchten Platz erhält nicht die Aufmerksamkeit, die sie verdient.

Da sie ihren Unterbau verdeckt, scheint diese mächtige Steinplatte zu schweben.

Je größer der Stein ist, auf dem man später Platz nehmen soll, desto schwerer ist die Bank zu bauen. Manche Bänke, die in diesem Abschnitt gezeigt werden, wurden alleine errichtet. Zu mehreren ist das Setzen der schweren Steine natürlich leichter.

Ein abgebrochenes Fundament lieferte die Steine für diese außergewöhnliche Bank.

Jedesmal, wenn ich eine Natursteinhandlung aufsuche, achte ich auch auf für Bänke geeignete Steine. Ihre Länge sollte wenigstens 90 bis 120 cm betragen. Das Setzen eines solchen Steins läßt sich noch alleine oder zu zweit bewältigen. Schauen Sie nach großen Platten mit einer ebenen Oberseite. Eine gerade Unterseite verbessert den Halt auf den Steinen darunter.

Sie können die Platte auf zwei kräftige Steine stellen. Beim Berechnen der benötigten Höhe dieser beiden Steine sollten Sie drei Dinge berücksichtigen. Eine komfortable Sitzhöhe für Bänke liegt zwischen 40 und 45 cm. Die Steine müssen 10 bis 15 cm tief im Boden versenkt werden – oder noch tiefer, wenn die Steine sehr schmal sind. Und die Dicke der waagrechten Platte muß mitberücksichtigt werden.

Nehmen wir ein Beispiel. Sie möchten, daß die Bank 42 cm hoch wird. Die Steinplatte ist 10 cm dick. Diese Dicke ziehen Sie von der Höhe ab und erhalten 32 cm. Die Steine, auf denen die Platte ruht, sollen 13 cm tief in den Boden versenkt werden. Diese Tiefe addieren Sie hinzu und erhalten somit für die Höhe der Steine 45 cm.

Schauen Sie nach zwei Steinen, die fast gleich hoch sind. (Kleine Differenzen kann man ausgleichen, indem man den längeren tiefer in den Boden setzt.) Die Oberseiten sollten recht flach und gerade sein, damit die Sitzplatte gut aufliegt. Die unteren Enden müssen sicher im Boden sitzen.

Beginnen Sie den Bau mit dem Abmessen der Länge der Sitzplatte. Setzen Sie die beiden Steine so in die Erde, daß die Platte auf beiden Seiten etwa 15 bis 20 cm übersteht. Die Steinoberseiten sollten waagrecht sein. Legen Sie dann die Platte darauf. Ist die Platte auf einer Seite schwerer als auf der anderen, wirkt es optisch ausgewogener, wenn die leichtere Seite weiter übersteht als die schwere.

Ein anderer Unterbau für eine Sitzplatte besteht aus horizontal aufgeschichteten Steinen. Auf festem Boden graben Sie eine flache, ebene Stelle für den ersten Stein aus. Auf weichem, lehmigem Boden graben Sie ein Stück aus, das ausreichend groß für

Diese schlichte Bank ist ein großartiger Ort, um morgens die Sonne zu begrüßen.

ein 10 cm tiefes Kiesbett und den ersten Stein ist. Stampfen Sie den Kies fest und setzen Sie den ersten Stein. Stampfen Sie um den Stein herum weiteren Kies fest.

Schauen Sie nach, ob der Stein gerade sitzt. Vollenden Sie dann den Unterbau mit weiteren Steinen. Zwei, drei große Steine sehen besser aus als viele kleine. Nehmen Sie große, möglichst gut passende Steine. Wenn Sie mit kleineren Steinen ausgleichen müssen, tun Sie es an versteckten Stellen. Schon eine nur wenig kippelnde Bank ist ein Ärgernis.

Egal, ob Sie allein oder zu mehreren arbeiten, nehmen Sie sich Zeit, die Platte sicher auf den Unterbau zu legen. Probieren Sie viele Positionen aus, bis Sie die beste gefunden haben.

Stützmauer als Bank

Sie können eine Bank auch in eine Stützmauer einbauen. Der Teil der Mauer, der als Bank dient, sollte 40 bis 45 cm hoch sein. Die Rückenlehne machen Sie am einfachsten aus großen Steinen, die Sie in einem Ihnen bequemen Winkel hochkant gegen den Erdhang stellen.

Auch trockengemauerte Teile der Mauer können als Rückenlehnen dienen. Um für die Steine der Lehne Platz zu machen, wird der Hang noch weiter angeschnitten. Die Steine der Lehne werden an den hinteren Ecken der Bank in die Mauer mit eingebunden und mit Decksteinen gesichert.

Kletternde Pflanzen geben dieser Bank ein mediterranes Flair.

Ein einzelner Stein dient dieser Bank in der Stützmauer als Rückenlehne.

Gleich, ob sie als Teil der Mauer oder separat gesetzt wurden, sollten die Steine der Lehne mit einem Abstand von 45 cm zur Vorderkante auf den Sitzflächen ruhen.

Dieser Sitz an einer Mauerecke hat eine bequeme Armlehne.

KAPITEL IX

ÄUSSERUNGEN IN STEIN

Wenn wir eine Trockenmauer setzen oder eine Steinskulptur bauen, reihen wir uns ein unter die vielen Menschen, die sich vor uns mit Steinen ausgedrückt haben. Großartige Inkatempel, ärmliche Feuerstellen der Wikinger, ägyptische Pyramiden, Hünengräber aus der Steinzeit und schlichte Mauern im Weideland, sie alle sprechen zu uns über das Leben der Menschen: ihr Bedürfnis nach Geborgenheit, nach Beständigkeit, nach Spiritualität und nach Schönheit.

Ein Stein ist kein Fels

Ein Stein ist kein Fels.
Seit einer Milliarde Jahren
lachen die Bäume über den Wind.
Und die See wandelt Fels in alternden Sand.

Hinein in die Nacht
schwingen die Türen des Berges.
Hinein in die Hallen des Morgens.
Wo wir uns in Blumen sehen
und in der singenden Stimme der Wildnis.

Einst werden wir sein,
was wir immer waren:
Steine in den schwangeren Bäuchen
des größeren Felsens.
Harrend auf die Geburt.
Harrend auf den einen,
der uns sanft einsetzen wird
in die perfekte Welle der Mauer.

Irgendwo im Zentrum des Felsens,
der so oft Heimat ist,
gibt es einen Ort,
der für den Schlaf geschaffen ist.
Eine Art Zufluchtsort
vor dem Mangel an Licht.
Eine Form der Stille
von dem Geräusch des Schmerzes.
Nahe den Anfängen.
Nicht weit von dem, das endet.
Das Auge des Tages.
Oder der Himmel der Erinnerung
im Blut des Ozeans.
Wo ich nach der Arbeit
meine Hände mit dem Tau wasche.
Auf der Suche nach den Grenzen
in den Antworten
zu den Fragen, die ich einst lieben werde.

Thomas Rain Crowe

Die Idee zu dieser Skulptur entsprang dem Wunsch nach etwas Funktionslosem. Über mehrere Wochen baute ich, immer wenn ich etwas Zeit am Abend übrig hatte, an der Skulptur. So entspannte ich mich und verlieh meiner Hochachtung vor Stein Ausdruck. Der Rhododendron war verblüht, als ich fertig war. Doch die Skulptur bleibt ein Spiegel der Jahreszeiten. Während ich diesen Absatz schreibe, ist sie mit Schnee bedeckt.

Mein Freund und Nachbar Jerry Worley half mir bei der Suche der Steine. Sie stammen alle von seinem Weideland. Jerry half mir auch, die große Grundplatte zu setzen. Nachdem diese Platte gesetzt war, beschloß ich, darauf eine Säule aus kleinen, flachen Steinen zusammenzusetzen. Um die Steine zu stabilisieren, füllte ich innen mit Kies auf. Weiter oben ließ ich Steine nach außen überstehen und schuf so eine Spirale. Teilweise sicherte ich die Spirale mit keilförmigen Steinen.

Mein Nachbar Greg Ford baute diese skurrile Skulptur. Sie sieht wackelig aus, erweist sich aber als erstaunlich stabil.

Steine eignen sich gut für einfache Formen. Dieser Sandsteintisch aus nur zwei Steinen gibt diesem Platz einen eleganten Touch.

Mit der kreisrunden Flechte ist der dreieckige Gneis ein Schmuckstück im Garten.

Funktion und Schönheit gehen hier zusammen. Der flache Stein ist Markise und Veranda für darunter lebende Frösche und durchziehende Vögel.

Die Ruinen von Ollantaytambo liegen gut 1,5 km von Machu Picchu entfernt in den peruanischen Anden. Das außergewöhnliche Mauerwerk der Inkas ist weltberühmt.

Die Steine dieser Mauer in Machu Picchu wurden so behauen, daß sie nahezu fugenlos ineinandergreifen.

Da der Boden so felsig war, haben die Druiden Irlands in der Steinzeit ihre Toten in oberirdischen Kammern bestattet. Diese als Dolmen bezeichneten Kammern bestanden aus einem Deckstein, der von senkrechten Steinplatten getragen wurde. Wahrscheinlich waren sie mit Erde angeschüttet, die nur den Deckstein und den Eingang freiließen.
Der Poulnabrone Dolmen im Burren (County Clare, Irland) ist sehr berühmt.

Der Steinkreis von Stenness (Orkney, Schottland) stammt aus der Jungsteinzeit und diente vielleicht Opferungen und der Götteranbetung.
Von den ursprünglich zehn bis zwölf Steinen stehen nur noch wenige.

Avebury ist eine prähistorische Anlage der Druiden. Sie stammt aus der späten Jungsteinzeit, etwa 2500 bis 2000 Jahre vor unserer Zeitrechnung. Der riesige Kreis aus etwa 100 stehenden Steinen umschloß zwei kleinere Kreise. Vermutlich war es ein kultischer Ort. Avebury wurde in den 30er Jahren dieses Jahrhunderts rekonstruiert. Einst war es vielleicht imposanter als Stonehenge.

Danksagung

Ich bin den vielen Menschen zutiefst zu Dank verpflichtet, die sich die Zeit nahmen, mit ihrem Wissen zu diesem Buch beizutragen. Ich hoffe aufrichtig, daß die Steinmetze, deren Arbeiten in diesem Buch gezeigt werden (und die zum Teil unbekannt sind), die ihnen gebührende Aufmerksamkeit finden. Sie haben zu einer bemerkenswerten Tradition beigetragen.

Mein besonderer Dank gilt:

Celia Naranjo

■ Robbie Oates, Steinmetz (Gardensphere, P.O. Box 4, Sugar Grove, NC 28679). Er schrieb den Abschnitt »Behauen von Natursteinen« im Kapitel III, gab mir technische Ratschläge, arbeitete an vielen Kapiteln des Buches mit und half bei den Außenaufnahmen. Beispiele seiner Arbeiten sind auf den Seiten 26, 40, 55, 72, 128, 134 und 137 zu sehen.

■ Art Garst, Landschaftsarchitekt (Landscape Gardeners, a design/build company, 7 Buena Vista Rd., Biltmore Forest, NC 28803). Er gab mir technische Ratschläge, arbeitete mit beim Abschnitt »Wasserfall und Becken« im Kapitel VII und half bei den Außenaufnahmen. Einige Fotografien seiner Arbeiten finden sich auf den Seiten 96, 115, 117, 122, 126, 127 und 130.

■ Chip Smith, Bodenkundler (Natural Resources Conservation Service, USDA, Asheville, NC). Er lieferte technische Hinweise zum Kapitel II »Stein und Kies«.

■ Frederica Lashley, Steinmetzin (The Unturned Stone, Asheville, NC). Sie half bei Außenaufnahmen. Beispiele ihrer Arbeit sind auf den Seiten 49 und 139 zu sehen.

■ Lowell Hayes, Künstler und Landschaftsplaner (Hard To Find art gallery, Valle Crucis, NC). Er gab technische Hinweise zu dem Abschnitt »Mit Steinen natürlich gestalten« im Kapitel V. Beispiele seiner Entwürfe finden sich auf den Seiten 28 und 84.

■ Jim MacMillan, Steinmetz (Fine Stone Work, Boone, NC). Er gab mir technische Hinweise zu den Abschnitten über Pflasterungen im Kapitel VI. Auf Seiten 78 und 84 sind Beispiele seines Könnens gezeigt.

Der Dank geht auch an folgende Personen, die zur Ergänzung der Fotografien von Evan Bracken (Light Reflections, Hendersonville, NC) freizügig ihr Fotomaterial zur Verfügung stellten:

■ Richard Babb, Fotograf (Asheville, NC), Seite 38 oben, 90 und 91.

■ Thomas Rain Crowe, Dichter und Verleger (New Native Press, Cullowhee, NC), Seiten 1, 3, 61 oben, 156 und 156-157 unten

■ Bernie K. Digman, Fotograf (Las Cruces, NM), Seite 4 (links), 21, 23, 42, 43, 68 oben, 71 unten links und 154 oben rechts

■ William R. Laity, Landschaftsgestalter (Asheville, NC), Seite 144 unten und 144-145 oben Mitte.

■ Leah Leitson, Töpferin (Asheville, NC), Seite 155 unten.

■ Celia Naranjo, Art-director (Lark Books, Asheville, NC), Seite 99 oben und 153 unten links und rechts.

■ Ruth Smith, Erzieherin (Santa Cruz, CA), Seite 155 oben.

■ Martin Thies, Fotograf (Asheville, NC), Seiten 60, 61 unten und 157 oben.

■ Susan Wright, Gartenarchitektin (Shady Grove Gardens, Vilas, NC), Seite 134.

Für die Hilfe bei Außenaufnahmen möchte ich mich bedanken bei:

Donna Billings und Dennis White, Asheville, NC.
Chrissie Callejas, Sugar Grove, NC.
Judy Carter und Susan Sluyter, Wintersun Farm (B & B), Fairview, NC.
Marge und Mac Cates, Linville, NC.
Marshall und Elizabeth Chapman, Linville, NC.
Sammy und Candace Cox, 4-H Camp, Swannanoa, NC.
Jake und Florence Haynes, Linville, NC.
Herb Mountain Farm, Weaverville, NC.
Peggy Irving, Linville, NC.
Lilly Whites Stone Company, Farming, NM.
Dick McDonald und Kate Cahow, Sugar Grove, NC.
Dr. Tom Milton und Ellen Williams, Biltmore, NC.
The North Carolina Arboretum, Asheville, NC.
Laurie und Robbie Oates, Sugar Grove, NC.
Bud Poe und Rebecca Digman, Placitias, NM.

Dr. Rodney und Laura Pugh, Biltmore, NC.
Stills Stone Company, Fairview, NC.
Jackie Taylor, Haywood County, NC.
Bob und Lillian Turchin, Hound Ears, NC.
Tom und Sheila Williams, Waynesville, NC.
Winterberry Farm, Haywood County, NC.

Besonders möchte ich auch meinen Eltern Philip und Ann Reed für ihre Begeisterung, Ermutigung und Unterstützung danken. Meiner Nachbarin Jackie Taylor möchte ich für die geliehene Fotoausrüstung und für hilfreiche Tips danken. Thomas Rain Crowe danke ich für die zur Verfügung gestellten Fotografien und die Erlaubnis, sein Gedicht abdrucken zu dürfen (Seite 152). Ich bedanke mich bei dem Personal des North Carolina Arboretums und den Workshop-Teilnehmern, die am Tag der Aufnahmen anwesend waren. Und ich bedanke mich bei Scott Lowery für seine wunderschönen Zeichnungen.

Mein Dank geht auch an Rob Pulleyn, Verleger (Lark Books, Asheville, NC), für seine Wertschätzung für Stein und seine Bereitwilligkeit, dieses Buch zu veröffentlichen; an meine Lektorin Chris Rich, für die schnelle Bearbeitung meiner Manuskripte, ihre Lösungsvorschläge bei Problemen und ihr handwerkliches Können; an Evan Bracken für seine exzellenten Fotografien und seine Fähigkeit, Wolken bei Bedarf herbeizuzaubern.

Abschließend möchte ich meiner geschätzten Freundin und hervorragenden Grafikerin Celia Naranjo danken. Ihre professionelle Unterstützung und die persönlichen Ermutigungen waren eine unschätzbare Hilfe bei der Gestaltung des Buches.

Die Fotografien des Autors finden sich auf den Seiten 8, 12 oben rechts, 13 oben und Mitte, 15 rechts, 16 unten, 17, 20, 27, 29, 30, 32, 35, 36, 41, 44, 45 Mitte und unten, 46 oben links, 48, 49, 53, 63 rechts, 66, 70, 71 unten rechts, 78, 79, 80, 81, 84 unten links und rechts, 87, 92, 93, 94, 95, 109, 118, 119, 123, 124, 129, 133, 136, 139, 140, 142, 146 oben, 148, 150, 153 oben und Mitte und 154 oben links und unten links. Seine Steinarbeiten finden sich in den Bildern auf den Seiten 31, 44, 58-59, 80-81, 92, 143, 147 und 148.

Register